AF506891

MI PADRE, MI LUNA Y MI SOL

RELATOS DE MI INFANCIA CON EL PADRE JOSÉ FRISANCHO

JZ MAILLE

JZ. MAILLE

Mi Padre, Mi Luna Y Mi Sol

Relatos de mi infancia con el Padre Frisancho

En memoria de nuestro amado Sacerdote: Pbro. José Frisancho Pinelo

Tu historia y legado quedarán impresos para siempre no solo en las miles de almas que tocaste, pero tambien en estas páginas que permitirán a generaciones futuras disfrutar de tu extraordinaria vida.

A mis hermanas:
Gracias por las risas, las travesuras, las aventuras, los apodos y jalones de cabello. qué aburrida hubiera sido esta jornada de la vida sin ustedes.

Antes de formarte en el seno de tu madre, ya te conocía; antes de que tú nacieras, yo te consagré, y te destiné a ser profeta de las naciones.

Jeremías 1:5

ÍNDICE

INTRODUCCIÓN

Este libro es un esfuerzo importante para aclarar la niebla de desinformación e incertidumbre que rodea la vida y las contribuciones de nuestro querido Padre Frisancho. Desde su partida, han surgido una miríada de teorías y rumores infundados que a menudo nublan la verdad para quienes no están familiarizados con la historia real. Estos cuentos de hadas, contados por quienes carecen de conocimiento de primera mano, han dado lugar a una serie de narraciones fantasiosas que se alejan mucho de la realidad y de su legado.

Ninguna voz transmite más autenticidad que las niñas a las que crió, las cuales vivieron y crecieron junto a él durante más de una década presenciando los triunfos y desafíos que enfrentó mientras defendía incansablemente sus importantes iniciativas sociales. Sus ideas arraigadas en la experiencia vivida, brindan una comprensión más profunda de su carácter y la dedicación que puso en su misión.

El Padre Frisancho no fue solo una figura de importancia local , también se convirtió en un ícono querido en el distrito de San Miguel donde su influencia y contribuciones han dejado una marca indeleble en su historia. Los relatos en estas páginas han sido compilados meticulosamente a partir de anécdotas personales, informes oficiales, comunicados de prensa, documentos y una variedad de recursos que arrojan luz sobre su vida personal y su impacto más amplio. Esta historia es solo una entre muchas otras que ilustra cómo la compasión inquebrantable y el profundo amor del Padre Frisancho por las personas más vulnerables transformó vidas.

Ahora es nuestra responsabilidad compartir la historia auténtica del Padre José Frisancho, revelando al hombre detrás del mito y honrando el legado que creó a través de su compromiso inquebrantable con aquellos a quienes sirvió.

Deus Vult

MI PADRE, MI LUNA Y MI SOL

Algunos nombres han sido cambiados para proteger la privacidad de los involucrados.

CAPÍTULO 1
SOLEDAD, MI COMPAÑERA

Corría el año 1979, el cual fue un momento importante para mí, porque me acercaba a la edad de nueve años, una etapa que todavía permanece vívida en mi mente ya que ese año mi destino cambió drásticamente. Ese día en particular, recuerdo que me desperté con la voz de mi madre mientras me escoltaba apresuradamente a un taxi que se dirigía al hospital. A pesar de mi abrumadora fatiga, mi madre me daba suaves palmaditas en las mejillas, instándome a permanecer despierta. Sosteniéndome fuerte en sus rodillas, lloraba en silencio mientras yo luchaba por salir de mi estado letárgico y darle sentido a esta situación caótica. Mientras viajábamos en el taxi y atravesábamos las calles de la ciudad, mis ojos borrosos y cansados luchaban por enfocar las farolas que iluminaban las avenidas, el brillo de estas luces me hacia parpadear a través de las ventanas. Soñolienta, traté de contar cada luz que pasaba mientras mi mente nadaba en la desorientación: uno, dos, tres... A la tierna edad de ocho años y medio, había escapado de la muerte por cuarta vez ya sea por negligencia de adultos o las mías, y esta vez un encuentro desagradable con la fiebre tifoidea.

Durante mi infancia, me sentí siempre como una extraña, desencajada, siempre en medio de travesuras y caos, siempre alborotadora, instigadora de las ordalías más osadas, la que no tenía miedo de meterse donde otros no se atrevían. Los recuerdos iniciales de mi niñez estában dominados por la figura de mi progenitora, una madre soltera y resiliente que trabajaba todo el día para poder sobrevivir. Yo Siempre esperaba con ansias los breves momentos que pasábamos juntas, generalmente los domingos y después de la escuela ya que eran las únicas veces que la veía durante la semana. El resto del tiempo, estaba sola en nuestra pequeña y humilde vivienda, anhelando compañía. Nuestro espacio habitable era modesto, consistía en una habitación individual con un baño a medio terminar. La única cama que teníamos estaba apretujada al lado de la nevera, junto a la cocina de gas. Todas nuestras pertenencias estaban contenidas en esa única habitación. ese era mi mundo y todo lo que conocía.

Pasé la mayor parte de mis días sola en esa habitación, aislada y confinada. La ausencia de luz en el interior era profunda y a medida que caía la tarde la oscuridad invasora trepaba en mi cuarto lentamente, convirtiéndose en mi inoportuna compañera siendo Mi única fuente de luz los faroles de la calle. A menudo me encontraba mirando a traves de mi ventana sin vidrio con la cara presionada contra los fríos barrotes de hierro anhelando la libertad y la vitalidad que existían más allá de ellos. Envidiaba a la gente que pasaba ajetreada, a los niños correteando, a los pájaros que volaban en el cielo e incluso a los perros callejeros que vagaban por las calles. El marcado contraste entre la vitalidad del exterior y la desolación del interior era un recordatorio constante de mi soledad. La iluminación de la calle más los sonidos de la actividad me brindaban una sensación de consuelo y compañía, un respiro de la quietud opresiva de mi entorno. Todos los días al caer el sol me llenaba de momentos de desesperación, gritaba llorando hasta cansarme buscando alguien que me hablara, que me prestara atención o que me brindara compañía. Desde los barrotes de mi ventana llamaba a desconocidos que pasaban pero mis súplicas no recibían respuesta y parecía que nadie se daba cuenta de mi angustia, nadie se acercaba a mí, a nadie le importaba.

MI PRIMER MEJOR AMIGO

LA MAYOR PARTE DEL TIEMPO LA PASABA SOLA, MI ÚNICO contacto con la humanidad era la interacción que formé con el loquito del barrio, un joven vagabundo con problemas mentales, un personaje inusual de buen corazón, mi unico amigo. Este joven que parecía tener alrededor de 20 años, llevaba una existencia nómada en las calles de mi barrio. Él Sobrevivía con restos de comida que encontraba en la calle y algún que otro acto de generosidad. A pesar de su apariencia desaliñada y la incapacidad de hablar claramente, irradiaba un aura de ternura, sus ojos estaban llenos de inocencia y pureza, su presencia me reconfortaba.

Nuestra amistad empezó cuando un día este muchacho se acercó a mi ventana mientras experimentaba mis episodios de llanto. Tímidamente, me mostró un periódico viejo y desgastado que había encontrado y lo colocó cuidadosamente frente a mí. Confundida por sus acciones, detuve momentáneamente mis lágrimas e impulsivamente arrojé el periódico fuera de mi ventana. Mientras las páginas caían al suelo, el chico las recogió con determinación y puso el periódico nuevamente en mi ventana. Intrigada por su persistencia, detuve mi concierto de llanto en do mayor y una vez más me concentré en sus acciones. Con notable habilidad y entusiasmo por haber captado mi atención, dobló y dio forma al periódico hábilmente. Su entusiasmo contagioso atrajo mi curiosidad, desviando momentáneamente mi atención de mi angustia anterior. Pronto, me entregó un triángulo meticulosamente doblado y guió mis manos para agarrarlo por ambos lados. Siguiendo su ejemplo, desplegamos lentamente el triángulo y para mi asombro este se transformó en un delicado barquito de papel. La metamorfosis simple pero encantadora me cautivó y en ese instante me pareció el espectáculo más extraordinario que jamás había presenciado en mi vida. De un estado de abatimiento, de repente me llené de asombro y euforia. Con mucho entusiasmo pedí más y pronto una pequeña flota de barquitos de papel adornó mi ventana. Pasamos el día jugando con los barquitos de papel y se convirtió en una experiencia inesperadamente hermosa y excitante. Le pedí a mi nuevo amigo que regresara y para mi deleite honró mi pedido.

El chico me instruyó pacientemente en el arte del origami y rápidamente comprendí las intrincadas técnicas. Cada día esperaba ansiosamente su llegada y mi corazón se llenaba de alegría al verlo en la distancia. Nuestro tiempo juntos estaba lleno de actividades divertidas, como hacer barquitos de papel y poblarlos con insectos que había recogido de la calle. A veces traía perros y gatos callejeros para yo poder acariciarlos. Yo compartía gentilmente con él mis escasas comidas que a menudo consistían únicamente en frutas. Muchas noches mi amigo (a pedido mío) se quedaba durmiendo al pie de mi ventana, ofreciéndome su presencia reconfortante hasta que me quedaba dormida. En medio de mi desolación, mi nuevo amigo surgió como un rayo radiante de luz y una fuente constante de esperanza.

Cuando finalmente le conté a mi madre la existencia de mi inusual amigo, ella le prohibió que viniera a visitarme. Respetuosamente, él cumplió con sus deseos pero pude sentir la tristeza en sus ojos mientras me observaba desde la distancia. Ahora en mi soledad cuando lo veía pasar lo llamaba pero el no se atrevía a acercarse, solo me saludaba tristemente con la mano. Porque abrí mi bocota? pensaba. Su mera presencia me brindó consuelo durante un momento difícil en mi vida e incluso ahora, después de más de 45 años, todavía lo recuerdo con cariño y lagrimeo, especialmente cuando hago un barquito de papel de origami. Su presencia fue un testimonio extraordinario del potencial ilimitado de bondad que existe en el corazón de las personas. Atesoro los innumerables momentos que compartimos; cada uno es un hermoso recuerdo que sigue reconfortándome.

Fue mi amigo, mi primer mejor amigo.

MI VECINO, EL PELIGRO

DESAFORTUNADAMENTE, MI ESTADO VULNERABLE DE estar sola y confinada por largos períodos de tiempo me convirtió en un blanco para algunos individuos sin escrúpulos. En varias ocasiones, tuve que defenderme de ladrones del vecindario compuesto por adolescentes que venían en grupos e intentaban entrar a mi vivienda la cual todavía estaba en construcción. A veces, intentaban entrar por el techo entreabierto o trataban de abrir mi puerta probando varios tipos de llaves. Otras veces trataban de manipularme para que les diera objetos de mi casa a través de la ventana fingiendo que necesitaban mi ayuda. Afortunadamente, mi ventana era estrecha y segura lo que hizo imposible que tuvieran éxito en sus intentos. Adicionalmente, mi madre empezó a encontrar notas inquietantes que misteriosamente alguien las colaban por debajo de nuestra puerta. En Las notas el autor expresaba un interés de carácter enfermizo y preocupante hacia mí. Esto dejó a mi madre muy ansiosa y preocupada por mi seguridad. Debido a su trabajo, mi madre no podía brindarme atención constante y ésta situación la dejó sintiéndose desesperada por encontrar una solución.

Durante este momento difícil, una memoria del pasado surgió en su mente al recordar a un sacerdote que brindaba apoyo a niños de familias de bajos ingresos en el distrito de San Miguel. Este sacerdote era directamente responsable de un grupo de niñas que vivían en lo que podría describirse como un modesto orfanato. A medida que mi madre consideraba esta posibilidad, se convenció cada vez más de que podría ser un rayo de esperanza para mi bienestar. El Padre José Frisancho Pinelo, una figura muy respetada en el barrio de San Miguel tenía una política de aceptar a su cargo personal solo a niños que estuvieran realmente en extrema necesidad. Mi madre era dueña de su propia vivienda con un cuarto modesto lo cual no cumplía con los criterios de elegibilidad, a pesar de ser pobres al menos teníamos un lugar para caernos muertas.

Las inquietantes amenazas en las notas que dejaron bajo nuestra puerta eran como sombras que amenazaban mi frágil mundo. La pérdida de mi compañero y único amigo me destrozó, tanto espiritual como físicamente; había descubierto el significado de la amistad, solo para perderlo. Sentía que simplemente existía por existir. A la tierna edad de ocho años, sabía quién era Dios y lo maldecía. Usaba todas las palabrotas que había aprendido de mi madre y de lo que había visto en la televisión; le gritaba y le deseaba la muerte, aunque no tenía una comprensión fundamental de lo que significaba la muerte. Solo sabía que desearle la muerte a alguien estaba mal. Me llené de ira, una ira demasiado grande para mi pequeño cuerpo. Cuando las cosas no podían empeorar, mi inesperada hospitalización me envolvió en un torbellino de incertidumbre. Estas experiencias se unieron como un huracán incontrolable, transformando mi vida y llevándola hacia una nueva dirección.

CAPÍTULO 2
QUERIDO HOSPITAL
QUERIDA AMIGA

Cuando llegamos al hospital, el personal médico me colocó inmediatamente en una silla de ruedas, a pesar de que sentía que podía caminar por mi cuenta, me encontraba increíblemente sudorosa y me sentía abrumadoramente cansada.

Mientras me llevaban hacia el largo pabellón, no pude evitar notar la miríada de emociones que se arremolinaban a mi alrededor. El área estaba repleta de niños, cada uno acurrucado en una cama que estaba perfectamente alineada en dos filas separadas contra cada pared. La atmósfera se sentía caótica y animada a la vez, los niños a pesar de sus esfuerzos por fingir que dormían estaban claramente inquietos. Sus pechos subían y bajaban rápidamente y les costaba mantener los ojos cerrados, lo que delataba su fachada juguetona. El aire estaba lleno de una cacofonía de sonidos: los ecos de algunos sollozos, las reverberaciones de las quejas, los murmullos suaves y ocasionalmente las risas traviesas. Mientras observaba la escena, me asignaron una sencilla cama de metal adornada con un colchón de espuma delgado.

A mi izquierda estaba sentada en su cama una niña que parecía tener más o menos mi edad, tal vez un año menos. De cabello largo negro entrenzado y ojos grandes, parecía incómoda y se frotaba el estómago. Cuando la miré para saludarla, ella respondió sacando la lengua, lo que me tomó por sorpresa. Reaccionando impulsivamente saqué la lengua aún más, lo que desencadenó una "guerra de lenguas" diaria entre nosotros. Los otros niños a menudo se me acercaban y me advertían: "No le hagas caso, Sofía es loca"

El hospital era un centro de actividad muy animado con enfermeras entrando y saliendo constantemente para cumplir con sus obligaciones. Era un entorno único y atractivo, diferente a todo lo que había experimentado antes. Por primera vez me encontré en compañía de otras personas, rodeada de pequeños grupos de niños animados cuyas travesuras divertidas convertian el pabellon normalmente sombrío en nuestro parque de diversiones inusual y vibrante. Sin pensarlo mucho me uní a la diversion, siempre buscando formas nuevas y emocionantes de entretenernos en medio del ambiente hospitalario.

Durante las horas de visita programadas las familias venían para ver a sus hijos. Cuando miré a mi alrededor, se hizo evidente que mi madre no había venido a visitarme. Una vez más, Sentí que mi situación siempre se destacaba de las demás de manera negativa, creando en mí una sensación de aislamiento. Luego de unos días de espera, una mujer que nunca había visto antes finalmente apareció y se me acercó directamente. Ella tenía cabello castaño de longitud media, ojos marrones cálidos y una sonrisa amistosa. "Hola Tania soy Haydee", se presentó. Después de la inesperada introducción, Haydee explicó que mi madre estaba ocupada y que ella me visitaria a partir de ese día.

Durante mi estadía en el hospital Haydee fue increíblemente atenta, cada vez que me visitaba me traía una variedad de deliciosas frutas y se aseguraba de que todas mis necesidades médicas estuvieran cubiertas. A menudo me contaba sus planes de llevarme a un lugar hermoso y espacioso una vez que pudiera salir del hospital en donde tendría la oportunidad de hacer muchos amigos nuevos. Sin embargo, debo admitir que no presté mucha atención a esas promesas. Todo lo que esperaba era descubrir que aperitivo delicioso me traería en su próxima visita.

Una noche, un sonido extraño me llamó la atención desde la parte delantera de nuestro pabellón. Curiosos, todos los niños corrieron hacia una habitación cerrada donde se almacenaban los productos de limpieza. La habitación estaba envuelta en oscuridad, sin luz que ofreciera siquiera un atisbo de visibilidad. Desde adentro, los gritos desgarradores de alguien suplicaban liberación. "¿Quién está ahí?", pregunté. "Es Sofía", respondieron los niños que enfáticamente empujaban la puerta para que Sofia no saliera. Sin dudarlo, un deseo inexplicable me impulsó a rescatarla. En medio de una maraña caótica de cuerpos que se empujaban hacia adelante, me abrí paso hasta la puerta. Con absoluta determinación logré abrir lo suficiente para ver el rostro aterrorizado de Sofía. Cuando logré meter medio cuerpo en la habitación, alguien me empujó y la puerta se cerró de golpe detrás de mí. los demás niños gritaban frenéticamente: "¡El cuco, el cuco!".

En ese cuarto sofocado por la oscuridad, le susurré a Sofía: "No te preocupes, te voy a sacar de aquí". Con todas mis fuerzas empujé la pesada puerta, esforzándome por vencer su resistencia. "¡Sofía, ayúdame!". Impulsadas por la desesperación, unimos nuestros esfuerzos y logramos abrir la puerta lentamente mientras los niños nos resistían por el lado contrario. el ruido atrajo la atención de una enfermera de turno. En un torbellino de actividad, los otros niños se retiraron a sus camas y la puerta finalmente se abrió con un crujido. Sofía y yo nos desplomamos en el suelo respirando el dulce aire de la libertad, mientras nos mirábamos y nos reíamos victoriosas. Desde ese día en adelante nos convertimos en mejores amigas y muchas veces la defendía de las burlas de los otros niños, nuestro vínculo se hizo inquebrantable.

La madre de Sofía la visitaba con frecuencia, ella era una mujer amable y modesta con el pelo largo y también prolijamente trenzado. Durante sus visitas, siempre traía una gran cantidad de duraznos sabiendo que era la fruta favorita de su hija. Sofía sufría de terribles dolores de estómago que la debilitaban cada vez más. Para animarla, trataba de hacer un esfuerzo concertado para llevar alegría a su vida, a menudo a través de mis ocurrencias. A pesar de sus propias dificultades, Sofía siguió siendo generosa, compartiendo sus duraznos conmigo, mientras que yo le correspondía dándole todo lo que podía de mis meriendas.

EL ADIÓS

UN DÍA, MI AMIGA TENÍA TANTO DOLOR QUE NO PODÍA levantarse de la cama y comenzó a llorar. Las enfermeras alertaron al médico y rodearon su cama con una cortina privada, moviendo su cama a un lugar diferente. La busqué frenéticamente por otros pabellones y finalmente la encontré. A través de la cortina, alcancé a ver al personal médico que intentaba reanimarla, pero estaba demasiado abrumada para comprender la situación en ese momento.

A la mañana siguiente me desperté y encontré la cama de Sofía perfectamente tendida y todas sus pertenencias habían desaparecido. Haydee llegó y me dio la noticia de que Sofía se había ido y que ahora estaba en el cielo. A los ocho años me costaba comprender el concepto de la muerte ya que a esa edad pensaba que todos éramos inmortales. "¿En el cielo?", pregunté desconcertada y mirando por la ventana volví a preguntar: "¿Dónde? ¿Puedo ir a verla?". Haydee explicó que yo no podía ver a sofía pero ella sí podía verme a mí. A menudo me encontraba mirando al cielo con la esperanza de ver o escuchar algo de ella solo para darme cuenta de que nunca la volvería a ver. Haydee me reveló que Sofía me llamaba en sus últimos momentos, tal vez deseando que fuera a empujar la puerta y rescatarla una vez más para aliviarla de su sufrimiento.

Poco después, la madre de Sofía llegó al hospital y recibió la triste noticia. Ella había traído una canasta de duraznos dulces y maduros para su hija pero lamentablemente su hija ya no estaba. La señora se sentó al borde de mi cama y suspirando me los entregó a mí. "Mi hija ya no los necesita", dijo con el corazón apesadumbrado. A pesar de las circunstancias la señora me visitába regularmente, siempre trayendo una canasta de los duraznos más jugosos. A menudo ella mencionaba cuánto me quería Sofía y cómo yo le recordaba a su hija. Esos momentos y la dulzura de los duraznos han permanecido conmigo desde entonces. La mama de Sofía me visitaría un par de veces más en el futuro, fuera del hospital, en mi nuevo hogar.

Finalmente llegó el día esperado y me dieron el alta del hospital. Mi madre apareció con una mezcla de alivio y preocupación en sus ojos. Nuestro viaje de regreso a casa se hizo eterno pero cuando finalmente llegamos mi madre me sentó y me dio la nueva noticia con delicadeza. Me dijo que mañana iría a un nuevo lugar donde no me faltaría nada y nunca más estaría sola y me aseguró que vendría a visitarme.

Al día siguiente empezamos las preparaciones

para salir en dirección a éste susodicho lugar. Nuestras circunstancias modestas significaban que no había mucho que empacar. Mis posesiones más preciadas eran un chichobello desgastado y el pollito que había estado criando; eran todo lo que tenía y no había forma de que me fuera sin ellos. Con mis preciadas posesiones a cuestas, comenzamos el viaje hacia mi nuevo destino.

CAPÍTULO 3

IMPRESIONES

El sol estaba empezando a ocultarse cuando un taxi se detuvo frente a nuestra casa listo para llevarnos a nuestro destino. Mi madre preocupada por mi polluelo, insistió fervientemente en que lo dejara en la seguridad de nuestro hogar. Sin embargo, incapaz de soportar la idea de separarme de mi compañero emplumado, me negué tajantemete, mientras que mis súplicas se entremezclaban con los sonidos de mi angustia. Al final, después de un tumultuoso intercambio, logré triunfalmente llevar a mi querido pollito conmigo en nuestra aventura.

El calor de Lima permanecía en el aire, recordándonos que estábamos casi en marzo de 1979. Al llegar, nos encontramos con una casa que llamaba nuestra atención por su tamaño. El exterior pintado de verde se complementaba con puertas de madera marrones y la estructura se alzaba orgullosa a lo largo de tres pisos. Al entrar nuestra atención se dirigió de inmediato al lado izquierdo donde una jaula grande albergaba a tres robustos perros pastores alemanes y un formidable dóberman. Los perros exhibían una energía desenfrenada, empujando con vehemencia contra la cerca de alambre y llenando el aire con sus ladridos estridentes mientras recibían con desconfianza nuestra llegada.

Al lado opuesto de los perros, se podía apreciar una fascinante pecera que parecía un pequeño laguito lleno de peces de colores vibrantes, pasando la entrada había una segunda puerta que daba acceso a los interiores de la propiedad. Al entrar, me impresionó de inmediato la atmósfera animada. El espacio estaba lleno de una mezcla diversa de personas, algunas con atuendos de oficina, otras con ropa más informal. El aire estaba lleno de sonidos de risas, conversaciones animadas y los ecos distantes de los niños jugando.

En el centro de la sala ubicada de manera prominente, me cautivó de inmediato la vista de una majestuosa e intrincadamente detallada estatua de la Virgen de Fátima. Descansando al pie de la estatua había un reclinatorio simplemente elaborado que invitaba a los visitantes a detenerse y orar. La habitación exudaba un aura de tranquilidad, con un cómodo sofá y sillas simples dispuestas alrededor del espacio, creando una atmósfera acogedora para los invitados. Mi mirada se dirigió hacia la derecha, donde una larga escalera me hacía señas prometiendo llevarme a los misterios del segundo piso. Poco después, ví a Haydee bajando las escaleras, la reconocí al instante. Con una sensación de familiaridad, me acerqué a saludarla, soltando suavemente la mano de mi madre. Fué en ese momento crucial de premonición en mi vida que me desprendía de mi pasado para empezar un futuro incierto pero prometedor, nunca más volvería a vivir con ella.

ADIÓS Y BIENVENIDA

HAYDEE ME EXTENDIÓ UNA CÁLIDA INVITACIÓN PARA que la acompañara mientras subíamos las escaleras hacia el segundo piso. A pesar de mi entusiasmo, mi madre, que inicialmente me animó a ir, inexplicablemente se negó a acompañarme. Me sentí dividida entre el miedo a separarme de ella y la estimulante curiosidad de explorar la bulliciosa actividad del piso de arriba. Mientras dudaba luchando con mis emociones conflictivas, observé la cálida sonrisa de mi madre que me proporcionó tranquilidad. Finalmente, con un dejo de aprensión me despedí de ella y di el primer paso siguiendo de cerca a Haydee. Con mi pollito y mi chichobello en brazos, me preparé para lo desconocido y anticipé con entusiasmo las aventuras que me aguardaban en el segundo piso.

Mientras subía las escaleras hacia el segundo piso, mi polluelo saltaba detrás de mí. Al llegar arriba, me encontré con una habitación increíblemente espaciosa. Las paredes estaban adornadas con una estantería que iba desde el suelo hasta el techo, exhibiendo una variada colección de libros. Esta sala cobraba vida gracias a la presencia de periquitos australianos que volaban libres y con gracia, mientras que una variedad de plantas verdes añadía un toque de belleza natural al espacio. En el centro de la habitación, una mesa grande larga e imponente estaba rodeada de una serie de sillas cómodas que invitaban a sentarse. La sala exudaba un aura de limpieza disfrutando del resplandor de un brillo que a mi parecer era como un palacio en contraste a lo que estaba acostumbrada. Adondequiera que miraba, había una sensación de energía vibrante y singularidad que me cautivó. De fondo, la habitación zumbaba con los sonidos de varias máquinas de escribir y teléfonos sonando constantemente, creando una atmósfera que me transportó a un mundo completamente diferente. Esta escena contrastaba marcadamente con el espacio reducido del cuarto al que estaba acostumbrada, el cual servía como sala de estar, cocina, comedor y dormitorio, todo en un solo espacio.

Al cruzar la espaciosa sala nos encontramos frente a un pasillo reluciente, a nuestra izquierda una oficina principal prominente nos invitaba. Justo antes de entrar, nos recibió un grupo de niñas entusiasmadas que parecían tener alrededor de 12 o 13 años. Ellas me miraron con intensa curiosidad y me saludaron con amplias sonrisas claramente curiosas por nuestra presencia, se notaba que nos estaban esperando. Una de ellas le preguntó vacilante a Haydee: "¿ ella es?" A lo que Haydee afirmó con confianza: "Sí, es ella…Tania". Las niñas se presentaron con entusiasmo, y una niña exclamó: "¡Hola, soy Elsa!". Su sonrisa radiante reveló unos dientes perfectamente alineados, complementados por unas gafas de gran tamaño que enmarcaban su rostro. La otra chica de ojos grandes y expresivos, cabello largo y oscuro y pestañas revoloteantes se presentó como Charo, quien rápidamente dijo: "y ésta es mi hermana Marisol". Su cabello largo y oscuro enmarcaba el rostro angelical de su hermana. Luego, otra niña de piel canela y cabello largo y rizado trenzado en una cola dio un paso adelante. "Esta es Liliana", dijo Charo. Mientras me examinaban de pies a cabeza con la boca abierta sus miradas se posaron en mis ojos. "¡Sus ojos!", exclamó una de ellas. Que color son? En ese momento todos se fijaron intensamente en mis ojos, examinándolos con gran curiosidad. Antes de que la peculiar comitiva pudiera continuar, Haydee intervino y nos hizo pasar a la oficina del Padre, donde esperaba nuestra llegada.

Entrar en la oficina principal era como entrar en otro mundo dentro del planeta en el que acababa de aterrizar. El suelo brillaba con un parqué oscuro y lustroso que le daba un aire de sofisticación al espacio. A la izquierda, había sillas ordenadamente dispuestas anexadas a un estante de metal, sobre el estante, un periquito de un verde vibrante masticaba felízmente su choclo encima de su jaula. Un estante de vidrio a la derecha mostraba una variedad de medicamentos, libros y documentos, mientras que un gran armario se extendía a lo largo de la pared. En el centro de la habitación, un escritorio de oficina de gran tamaño ocupaba el primer lugar, adornado con un crucifijo de tamaño mediano en el centro y cubierto con una multitud de documentos y papeles importantes. Ubicada detrás del escritorio había otra jaula dentro de la cual se posaba un canario con plumas radiantes amarillas. Sus trinos melodiosos llenaban el aire con un tono singular llamando mi atención. El cántico de este bello canario estaba acompañado por el rítmico click de una máquina de escribir, donde una joven, la secretaria del Padre llamada Lucy, trabajaba diligentemente en algunos documentos. Sus dedos bailaban sobre las teclas de la máquina de escribir con precisión, y su atuendo profesional subrayaba su dedicación a su función. Como una de las personas de confianza del sacerdote, había estado a su lado desde 1972, una presencia firme tanto en su vida como en la comunidad a la que servían juntos

Al notar mi presencia, Lucy detuvo su mecanografía y me saludó con una sonrisa cálida y acogedora, como si hubiera estado esperando mi llegada. Dirigiendo mi atención hacia la derecha, anunció la presencia del Padre que estaba sentado en un sillón grande marrón oscuro. El sacerdote exudaba un aura de autoridad, pero su suave sonrisa transmitía una sensación de calidez y amabilidad. "¡Hola, hola!" me saludó con afecto. En ese momento Haydee, quien me había traído a la oficina, me empujó gentilmente hacia adelante para que me acercara, animándome a saludar al Padre José. Aunque nunca lo había visto antes, era consciente de que se trataba de un encuentro significativo. Me di cuenta de que mi futuro estaba íntimamente ligado a ese lugar y al sacerdote que estaba sentado frente a mí, exudando un aire inconfundible de liderazgo y responsabilidad.

CAPÍTULO 4
PBRO. JUAN JOSÉ FRISANCHO PINELO

El Padre José, conocido cariñosamente como "el sacerdote de los pobres" ganó un reconocimiento generalizado por su incansable labor en el empobrecido distrito de San Miguel en Lima Perú. A pesar de haber nacido en cuna de oro, los comienzos de su familia se basan en orígenes modestos. Sus esfuerzos altruistas y su dedicación al servicio de los menos afortunados lo convirtieron en una figura respetada en la comunidad, Un tipo de celebridad. Su padre, el distinguido jurista José Frisancho Macedo, logró la notable hazaña de ser elegido Presidente de la Corte Suprema de Justicia del Perú por tres períodos consecutivos. Para conocer al Padre Frisancho debemos conocer a su padre, el distinguido Dr Frisancho Macedo.

DR. FRISANCHO MACEDO

El Dr. Frisancho Macedo nació en la provincia de

Puno, en el seno de una humilde familia de agricultores. Su hogar de infancia, enclavado en las impresionantes tierras altas de los Andes, fue el escenario de sus primeros años. A pesar de las firmes esperanzas de sus padres de que adoptara la herencia agrícola de la familia, el Dr. Frisancho Macedo albergaba un profundo deseo de seguir un camino de educación superior y logros académicos.

El entonces joven Frisancho Macedo, soñaba con poder estudiar y en contra de los deseos de sus padres buscó oportunidades académicas en Arequipa, donde se dedicó a sus estudios y finalmente se graduó como abogado. Su determinación y trabajo duro lo llevaron a una exitosa carrera como juez en la provincia de Puno. Su reputación y perspicacia legal le valieron un ascenso al cargo de Vocal de la Corte Superior del Cusco. Más tarde, alcanzó la cima de su carrera al ser nombrado estimado Presidente de la Corte Suprema del Perú.

En los inicios de su carrera como juez, el Dr. Frisancho Macedo fue testigo ocular de las graves injusticias infligidas a la población campesina peruana, que a menudo resultaban en la confiscación ilegal de sus posesiones. A lo largo de sus 32 años de mandato, el Dr. Frisancho Macedo lamentó no haber conocido un solo caso en el que se hiciera justicia a la clase campesina.

El Dr. Frisancho Macedo, apasionado defensor de los pueblos indígenas, escribió valientemente libros que condenaban el trato explotador que recibían los campesinos y el sesgo imperante en el sistema judicial a favor de los ricos. Sus audaces acusaciones a menudo ponían su vida en grave peligro. El Dr. Frisancho Macedo fue una figura muy respetada en el ámbito legal, conocido por su papel fundamental como el primer Presidente de la Corte Suprema que defendió fervientemente los derechos de la población campesina. Antes de su fallecimiento, el Dr. Frisancho Macedo tomó la noble decisión de renunciar voluntariamente a los honores póstumos que le correspondían como Presidente de la Corte Suprema, demostrando un profundo sentido de humildad y altruismo. Este ilustre peruano fue el padre de nuestro estimado Reverendo Padre José Frisancho Pinelo, consolidando aún más su legado de integridad y honor.

PADRE JUAN JOSÉ FRISANCHO PINELO

JUAN JOSÉ FRISANCHO PINELO NACIÓ EN LA CIUDAD DEL Cusco, el 26 de Noviembre de 1922. Debido a la promoción de su distinguido padre como Presidente de la Corte Suprema del Perú la familia se mudó a Lima.

Juan José se vio muy influenciado por el sentido del deber y la compasión de su padre por los menos afortunados. Esta educación le inculcó un profundo compromiso con la elevación y el apoyo de las comunidades rurales e indígenas. Su inquebrantable dedicación y empatía lo llevaron a abrazar el llamado al sacerdocio como un medio para defender y servir a los mas necesitados.

EL LLAMADO

DESDE MUY PEQUEÑO, EL PADRE JOSÉ SINTIÓ EN SU corazón el llamado de Dios. Ya en su juventud, albergaba en su interior un profundo anhelo de ser sacerdote pero lo ocultaba por temor a desilusionar a sus padres quienes tenían diferentes planes para su futuro. Durante el último año de estudios en la escuela Angloperuana, el Padre José asistió a una charla vocacional que le hizo reflexionar. El distinguido profesor encargado de la orientación expresó con pasión su postura personal contra la búsqueda de la vocación del sacerdocio diciendo que ningun alumno del Anglo deberia de considerar esa vocación describiéndola vívidamente como una profesión dominada por "mentirosos", "falsos" y personas de "mala fe". Era evidente que el profesor estaba bien informado sobre los rumores que circulaban sobre el posible interés del estudiante Frisancho en el sacerdocio.

Al oír estos comentarios despectivos, el alumno Frisancho un estudiante conocido por su diligencia y conducta ejemplar se armó de valor y se levantó de su asiento. Sus compañeros lo miraron con asombro sabiendo que el comentario iba dirigido hacia él. Con valentía y el máximo respeto, el alumno Frisancho se dirigió a su maestro y le dijo con firmeza: "pues ese soy yo y usted está equivocado, no soy un mentiroso ni mucho menos un farsante, el sacerdocio es mi vocación y estoy decidido a ser un buen sacerdote". La clase quedó en silencio y todas las miradas se dirigieron esta vez al profesor quien titubeando no le quedó otra que disculparse ante el estudiante más ejemplar de la escuela.

Este enfrentamiento inesperado lo preparó para un enfrentamiento más importante, uno que pondría a prueba su determinación aún más que antes. Esta vez, se trataba de la intimidante perspectiva de enfrentarse a sus propios padres. A pesar de su profundo amor y obediencia hacia ellos, José sentía un impulso cada vez mayor de responder a un llamado superior. A medida que pasaba el tiempo, el peso de esta decisión aumentaba y él jóven Frisancho sabía que finalmente había llegado el momento de abrazar su verdadera vocación. Esta lucha interna se había ido acumulando durante años mientras luchaba con las emociones conflictivas del deber hacia su familia y el innegable impulso hacia un propósito mayor. La tensión en el aire era palpable mientras contemplaba cómo expresar este conflicto interno a sus amados padres. La hora de decidir seguir su vocacion había llegado

Un día memorable, José Frisancho se reunió con sus padres para comunicarles su sincera decisión de emprender el noble camino del sacerdocio. A pesar de sus persistentes esfuerzos por disuadirlo, se hizo evidente que su determinación era inquebrantable.

Finalmente sus padres cedieron y aceptaron estas aspiraciones con la única condición de que dedicara tres años al estudio de la medicina. Indicaron que al término de este período, si su dedicación al sacerdocio seguía en pie, respaldarían de todo corazón su elección y le brindarían su apoyo incondicional. Esta estipulación ofreció una apariencia de paz a sus preocupados padres quienes temían que su hijo pudiera arrepentirse más tarde de su decisión y encontrarse sin una carrera. José Frisancho, comprendiendo la gravedad de estas aprensiones procedió a inscribirse en la facultad de medicina de la ilustre Universidad Nacional Mayor de San Marcos en 1942.

LA HORA LLEGA

Un día, mientras seguía sus estudios de medicina, José Frisancho sintió un fuerte impulso de buscar la guía divina sobre su futuro camino dentro del sacerdocio. Al entrar a la iglesia local su mente estaba llena de preguntas sobre el llamado específico que debía seguir. Dentro de las paredes sagradas, fue testigo de una interacción inquietante entre el sacerdote de turno y un hombre indígena de aspecto humilde. Era evidente que el sacerdote de esa iglesia había sacado al hombre a la calle sin contemplaciones, dejando a José profundamente perturbado. Lleno de compasión José se acercó al hombre indígena para entender la razón de este incidente. Con asombro se enteró de que el hombre solo había buscado participar de la comunión pero se había enfrentado a un duro rechazo. Impulsado por la empatía, José decidió asegurarse de que el hombre pudiera recibir la sagrada comunión y lo acompañó a ver a un amigo que era párroco en otra iglesia. Allí el humilde hombre pudo comulgar.

Al regresar a su casa localizada en un exclusivo barrio limeño, la llegada inesperada de José con el hombre indígena causó revuelo entre sus familiares. Mientras comían, el hombre compartió la desgarradora historia de cómo su empleador le había quitado a su esposa, dejándolo en un estado de profunda desesperación. Preocupado por el bienestar emocional de su nuevo amigo, José reconoció los signos de depresión y lo llevó de inmediato al hospital para su ingreso, temiendo por su seguridad. Después de diez días agonizantes, José visitó el hospital para ver cómo improvisaba su amigo, solo para encontrarlo acostado en un catre sucio y sin colchón. Esta visión conmovedora solidificó la convicción de José acerca de su verdadera vocación y la importancia de servir a los necesitados. En ese momento, tomó la decisión que cambió su vida y abandonó sus estudios de medicina para dedicarse a un propósito superior: brindar apoyo y atención esenciales a los más vulnerables de la sociedad. Poco despues, empezaría la mision de su vida.

~

CAPÍTULO 5
INICIOS

En 1944, un joven llamado Juan José Frisancho Pinelo dió el importante paso de presentarse a la orden franciscana. Su decisión estuvo profundamente influenciada por la vida compasiva y desinteresada que llevó San Francisco de Asís. Al entablar una sincera conversación con el Prior de esa comunidad, José se sintió impulsado a articular las motivaciones detrás del deseo de convertirse en sacerdote franciscano. José Frisancho expresó con sinceridad un compromiso inquebrantable de ayudar a las personas más vulnerables, en particular a la comunidad campesina marginada que había sido ignorada y discriminada por la sociedad. En respuesta, el Padre Franciscano Prior aconsejó a José que considerara ingresar al seminario para convertirse en sacerdote diocesano, enfatizando que le brindaría mayor libertad y oportunidades para llevar a cabo esta noble y compasiva misión.

El 19 de mayo de 1951, Juan José Frisancho

cumplió su anhelada aspiración de ser ordenado sacerdote del Dios Altísimo. Después de su ordenación, el Padre Frisancho recibió el encargo de Vicario Cooperador de la Parroquia Virgen del Sofía en el distrito de San Miguel. Este distrito tenía un significado especial para el Padre Frisancho, ya que fue donde anteriormente había completado su formación catequética.

Poco después de asumir su nuevo cargo, el Padre Frisancho se enfrentó a una realidad angustiosa: un número significativo de pacientes con tuberculosis, en particular mujeres jóvenes de entre 14 y 30 años, que estaban perdiendo trágicamente la vida en ese distrito. Este inquietante descubrimiento afectó profundamente al joven sacerdote y encendió en él un profundo sentido de urgencia para abordar esta devastadora crisis de salud pública.

CENTRO MEDICO GRATUITO

EL PADRE JOSÉ ESTABA PROFUNDAMENTE PREOCUPADO por las alarmantes estadísticas sobre las necesidades médicas de muchas personas en su comunidad y pronto buscó la ayuda de sus antiguos colegas y amigos de la Universidad que se habían convertido en doctores porque él solo no podía cubrir los gastos médicos de tanta gente.

En octubre de 1951, a pesar de enfrentar numerosos desafíos, El Padre Frisancho logró establecer una clínica filantrópica gratuita para ofrecer atención médica y suministros básicos a los más desfavorecidos. Esta notable hazaña fue posible gracias al apoyo generoso de los colegas del Padre, quienes voluntaria y desinteresadamente ofrecieron su experiencia y servicios sin ninguna compensación económica. Además, varios laboratorios médicos contribuyeron donando medicamentos para el tratamiento de diversas enfermedades. La humilde clínica pudo adquirir una máquina de rayos X gracias a la casa Philips que facilitó la ayuda con condiciones de pago favorables y a precio super especial, favoreciendo la adquisición de este aparato esencial. La clínica seguía creciendo gracias a una serie de contribuciones caritativas, incluidos las donaciones desinteresadas de tiempo y servicio de los amigos y conocidos del Padre, personas compasivas, organizaciones como CARITAS y las trabajadoras sociales religiosas de María Inmaculada. Como resultado de estos esfuerzos colectivos, aproximadamente 50 personas necesitadas de atención médica pudieron recibir asistencia diaria en esta clínica constituída de una habitación modesta y humilde ubicada en la parte mas desafiante del distrito de San Miguel. Vale la pena señalar que la habitación fue donada generosamente por Susana de Vargas, la esposa de un lugareño trabajador quien a pesar de no ser rica se dedicó desinteresadamente a ayudar a los demás con lo que podía.

El Padre Frisancho, con la ayuda de personas compasivas y caricativas fundó la "Legión de María", un grupo que dedicaba todo su tiempo a visitar a los enfermos y a brindar apoyo incondicional, en especial a los de la tercera edad para prepararlos para su primera comunión. Las madres de la comunidad desempeñaron un papel fundamental en esta tarea, ofreciendo una ayuda indispensable.

En el transcurso de seis años, el Padre Frisancho y su equipo brindaron tratamiento y atención médica a más de 3,000 pacientes con tuberculosis. Sus incansables esfuerzos dieron resultados notables: un 85% de los pacientes se recuperaron con éxito de la enfermedad. Trágicamente, solo el 15% sucumbió, predominantemente debido a la etapa avanzada. Este logro significó un gran éxito en la atención médica que el Padre Frisancho ofreció a su comunidad y sirve como testimonio de la dedicación y la eficacia de los programas iniciados por el sacerdote, fué un éxito total.

HOGAR DE NIÑOS SANTA MARÍA MADRE DE DIOS

DURANTE SUS ESFUERZOS POR COMBATIR LA tuberculosis, el Padre Frisancho tuvo que hacer frente a una multitud de nuevos desafíos, uno de los cuales era la profunda miseria que prevalecía en el barrio. Los pobladores soportaban condiciones de vida deplorables, habitando chozas rudimentarias y dependiendo de un baño comunitario solitario y una única tubería de agua que todos los vecinos usaban para sus necesidades diarias. La vida de estas humildes personas se caracterizaba por la extrema pobreza y su situación de vida era infrahumana, muy por debajo incluso de los estándares más básicos de calidad de vida.

Mientras el Padre José se abría paso por las calles bulliciosas, sus ojos penetrantes captaron una imagen conmovedora que permanecería en su memoria durante años. Tras puertas cerradas, escuchaba los gritos angustiados de los niños que anhelaban consuelo y compañía, esto fué una cruda realidad para el joven sacerdote. Estos niños se quedaban abandonados a su suerte mientras sus madres solteras salían a trabajar para poder subsistirse. Las condiciones de vida de estos pequeños eran terribles ya que estaban confinados en lugares que carecían de las necesidades más básicas, sin suelo ni ventilación inadecuada por la ausencia de ventanas y con escasez de servicios esenciales como agua potable y saneamiento.

El Padre Frisancho se comprometió solemnemente a ayudar a los niños vulnerables de su comunidad. Al principio, agotó todos los recursos posibles a su alcance para apoyarlos Sin embargo, pronto se dió cuenta de que era imperativo establecer una guardería o un tipo de entidad para poder proporcionar una asistencia sostenible. Plenamente consciente de la magnitud de esta tarea, comprendió que no podría abordarla solo. A pesar de sus fervientes esfuerzos, el sacerdote se encontró con numerosas puertas cerradas cuando buscó la ayuda de familias adineradas. Esta adversidad planteó un desafío significativo a sus aspiraciones. En un giro desalentador de los acontecimientos, mujeres privilegiadas del barrio afluente de San Isidro aconsejaron al Padre Frisancho que abandonara su proyecto, asegurándole que ya existían organizaciones dedicadas a abordar estos problemas. Las señoras sugirieron que se concentrara en cumplir con sus deberes como sacerdote diocesano. A pesar de estas respuestas desalentadoras, el Padre Frisancho se negó a dar la espalda a la difícil situación que los niños sufrían y se mantuvo firme en su determinación de marcar una diferencia significativa en las vidas de estos desamparados. El Padre Frisancho no se iba a quedar con los brazos cruzados.

Una noche en particular mientras dormía, El Padre Frisancho tuvo un sueño vívido que marcaría el rumbo de sus esfuerzos. En este sueño, un querido compañero judío de sus años de formación en la escuela anglicana lo honró con una donación sustancial, alimentando sus aspiraciones. Animado por esta profunda revelación, buscó a su conocido, el ingeniero Isaac Vaaron y compartió con franqueza su ambicioso proyecto y los reveses que había encontrado. Conmovido por la sinceridad y la tenacidad de su amigo sacerdote, Isaac hizo una generosa contribución de 35.000 soles, con la promesa de que "no lo confiese". Así se sembraron las semillas del Hogar de Niños Santa María Madre de Dios, y en enero de 1959 comenzó oficialmente esta noble misión, ofreciendo ayuda y atención a los primeros 35 niños necesitados.

El Hogar del Padre Frisancho proporcionó un refugio seguro, comidas nutritivas, atención médica esencial y varias otras formas de apoyo a estos niños, todo completamente gratis. Al principio, el Padre José compartía desinteresadamente sus propias meriendas con tantos niños como podía. A medida que se difundía la noticia del Hogar, el número de niños que buscaban refugio aumentaba. En la década de 1980, la institución había crecido tanto que el Hogar ahora atendía a más de 350 niños, asegurándose de que recibieran tanto alimento como educación. Este aumento en el número de niños trajo consigo un nuevo desafío, el incremento de costos y la necesidad de personal adicional, lo cual originó una presión financiera inesperada para el Padre José y su proyecto. Una vez más, el sacerdote se enfrentó a la abrumadora tarea de encontrar una manera de cubrir estos nuevos gastos, sin una idea clara de cómo lo haría y confiando en la divina providencia.

El Padre José pronto encontró inspiración en una conmovedora historia que compartió un amigo suyo sobre otro ingenioso sacerdote en México. Este sacerdote mejicano había encontrado una manera efectiva de financiar sus diversos proyectos sociales recolectando y vendiendo artículos reciclables como papeles, botellas y cartón. Intrigado por esta historia, el Padre José vió la oportunidad de implementar una iniciativa similar. Con esta información decidió acercarse a una escuela local y propuso organizar una competencia entre los estudiantes para ver quién podía reunir más papel. La respuesta fue abrumadora y los estudiantes lograron recolectar unas impresionantes 15 toneladas. Con esta importante recolección, el Padre José pudo sostener su creciente trabajo y expandir sus proyectos. Incluso el mismo salió a las calles con una carretilla y recogió personalmente papeles y desechos que luego vendió para apoyar sus esfuerzos en curso. Este ingenioso enfoque no solo financió sus iniciativas, sino que también inspiró a la comunidad a contribuir al bien común.

CIUDAD DE PAPEL

A MEDIDA QUE LA DEDICACIÓN A LA COMUNIDAD IBA creciendo, la calidad de vida de los residentes en cuanto a vivienda seguía igual. Si bien es cierto se lograron algunos avances en la solución de los problemas relacionados con la salud y la alimentación, estos avances resultaron ser temporales ya que los niños seguian regresando a sus viviendas delapidadas y a su estilo de vida infrahumano. A esto, el joven sacerdote se encontró con una familia que vivía en el sistema de alcantarillado de la ciudad, una situación que les había valido el apodo de "La Familia Topo" por parte de sus vecinos.

El Padre Frisancho, profundamente preocupado por las condiciones de vida de las familias desfavorecidas, en particular las madres solteras, se embarcó en una misión para encontrar una solución viable. Su objetivo era ayudar a estas familias a adquirir una vivienda digna, lo que parecía un sueño inalcanzable debido a los limitados recursos económicos. Después de mucha reflexión, el Padre Frisancho reconoció el potencial del reciclaje de papel como un medio para abordar este problema inminente. Con el lema inspirador *cada kilo es un ladrillo*, inició una campaña de donación y comenzó la recolección de materiales reciclables. Este enfoque innovador tenía como objetivo convertir cada kilogramo de materiales reciclables donados, en un elemento fundamental para proporcionar a estas familias material necesario para construir una vivienda digna y asi lograr el sueño de la casa propia.

Con el paso del tiempo, las rudimentarias carretillas se transformaron en robustos camiones, lo que significó un salto fundamental en la infraestructura de la comunidad. Esta transformación fue posible gracias al bondadoso consentimiento del Excelentísimo Arzobispo de Lima, Monseñor Juan Landázuri Ricketts, quien dió autorización para iniciar esta obra social con el nombre de Fundacion Ciudad de Papel, bajo el   alto Patrocinio de "Santa Maria Madre de Dios"

El esfuerzo colaborativos de personas e instituciones generosas junto con sus aportes colectivos facilitaron la adquisición de los primeros terrenos. en el año 1954 se inició la construcción de las primeras 51 casas en el ambicioso proyecto llamado Ciudad de Papel, gracias al desinteresado apoyo de ingenieros, arquitectos y otros profesionales voluntarios, combinado con el respaldo financiero de la herencia familiar del Padre Frisancho y donaciones de terrenos hechas por gente generosa. Estas casas fueron diseñadas meticulosamente para proporcionar no solo viviendas de material noble sino también un entorno de vida digna para familias de bajos ingresos.

Las primeras casas se construyeron en el distrito de San Miguel en el año 1958 gracias a los esfuerzos colaborativos de los mismos propietarios, que se turnaban para participar personalmente con la construcción de sus propias futuras viviendas. Todas estas familias tenían antecedentes muy humildes y entre ellas, la familia "Topo" tuvo la suerte especial de beneficiarse con una de las primeras viviendas decentes que cumplían con los estándares básicos de calidad de vida.

En 1965 se inició la segunda etapa de desarrollo habitacional, con la construcción de 75 casas. En 1970, se inició la tercera etapa con la construcción de 276 casas, todas en el mismo distrito de San Miguel. Posteriormente, en 1978, se llevó a cabo la cuarta etapa en el distrito de La Perla, donde se construyeron 451 casas. La quinta etapa se inició en el Callao en 1984, con un plan para desarrollar 1,550 casas en la urbanización San Juan Macías, todas destinadas a familias de bajos ingresos.

La obra que llegó a ser conocida como "La Ciudad de Papel" recibió este apodo por parte de los periodistas. Con el tiempo, la fama y reputación de este sacerdote creció, lo que provocó un aumento de la envidia y la codicia entre las constructoras de viviendas, que veían al Padre como una amenaza al estilo de vida cómodo que habían adquirido gracias a los precios inflados y la explotación de los menos afortunados para beneficios personales. Esos terrenos que antes generaban millones de soles a empresas particulares mediante prácticas deshonestas, ahora contenían viviendas que se vendían a una fracción de su valor anterior.

Las grandes entidades relacionadas a la construccion de viviendas nunca le perdonaron al Padre José las perdidas que ahora enfrentaban. Éstos promotores, con el apoyo de individuos de malas intenciones como el ex alcalde de San Miguel de ese entonces, levantaron numerosos obstáculos en el camino del humilde sacerdote buscando desacreditarlo lo más posible. Lamentablemente, muchos "Judas" que se habían beneficiado de su ayuda se sumaron a esta persecución, influenciados por la propaganda negativa difundida en su contra.

CAPÍTULO 6
UNA NUEVA VIDA

El Padre Frisancho era un hombre de mediana estatura, con una tez bronceada que dejaba entrever una vida al aire libre. Sus ojos eran grandes y penetrantes, revelando sabiduría y experiencia. Su cabello, ahora salpicado de canas, contribuía a su aspecto distinguido, y su nariz aguileña le daba a su rostro un perfil fuerte y noble. Cuando llegué al Hogar por primera vez el tendría aproximadamente 57 años de edad.

Al acercarme tímidamente a saludarlo con un beso en la mejilla, siguiendo la indicación de la señorita Haydée, no pude evitar sentir un sentimiento de respeto y admiración por este hombre digno que parecía encarnar tanto la fuerza como la bondad en su presencia. El Padre se inclinó hacia adelante en su silla para recibir mi saludo, su expresión era una mezcla de timidez y ternura. El Padre le indicó a Haydee que llevara a mi pollito al "tercer piso" y que me guiara hasta abajo, donde estaban los otros niños.

Al salir de la oficina, Haydee me convenció de que me deshiciera de mi pollito, asegurándome que en el tercer piso había un gallinero lleno de muchas aves, por lo que mi pollito no se sentiría solo. Con esto, me separé de mi fiel amigo y lo llevaron arriba mientras yo era conducida al primer piso.

LA NIÑA DEL VESTIDO AMARILLO

MIENTRAS BAJÁBAMOS LAS ESCALERAS, ATRAVESAMOS LA sala por la que había entrado inicialmente al Hogar. Pasamos junto a la majestuosa estatua de la Virgen María y llegamos a una sala más pequeña llena de niños de aproximadamente mi edad. Estaban todos formados pacientemente en fila, esperando ansiosamente su turno para recibir plátanos maduros y pan fresco. Una vez que obtuvieron los nutritivos bocadillos en la mano, se dirigieron a un comedor especial donde se les sirvió a cada uno un reconfortante vaso de leche mezclado con avena. Mientras estaba esperando en la cola, no pude evitar sentir una oleada de emoción al contemplar la vista de numerosos niños reunidos fuera de la escuela. Con el rabillo del ojo, vi a una niña de tez bronceada y melena de pelo rizado, vestida con un llamativo vestido amarillo. Ella saltaba juguetonamente de un extremo a otro de la fila, su vestido llamó mi atención con sus intrincados detalles. Adornado con múltiples bobos de manga corta que danzaban a la par con sus movimientos, esta niña parecía una mariposa revoloteando de una flor a otra. nunca había visto un vestido tan lindo. Me di cuenta rápidamente que la niña me lanzaba miradas curiosas, probablemente intrigada por el nuevo rostro del grupo. Mientras estaba en la cola entre el grupo de niños, su actitud segura y su mirada asertiva dejaban en evidencia que ella era la líder. Todos los demás niños dirigieron instintiva-mente su atención en la dirección en la que ella miraba, como si buscaran su aprobación. En contraste, yo que soy tímida por naturaleza y me resisto a cualquier forma de atención, hice un esfuerzo concertado para proteger mi rostro de las miradas inquisitivas de los otros niños. La niña del radiante vestido amarillo se me acercó con paso firme, su cálida sonrisa me tranquilizó. "¡Hola!", dijo en un tono autoritario y amable al mismo tiempo. "Soy Cecilia. ¿Y tu, cómo te llamas?" Respondí con una sonrisa: "Tania". Tomándome de la mano, Cecilia me guió a través del grupo de niños, presentándome con tanto entusiasmo que no pude evitar sentir una sensación de alegría y aceptación. La risa y el sonido de nuevas amistades que se formaban llenaron el aire, y me encontré disfrutando la felicidad del momento.

A medida que caía la noche y la oscuridad envolvía los alrededores, una sensación conocida se apoderó de mí. Ese era el momento en el que típica-mente me encontraba aislada dentro de los confines de mi pequeña casa, absorbida por las sombras, luchando contra el miedo y derramando lágrimas en ausencia de electricidad, la cual mi madre desconectaba para evitar posibles accidentes. Por lo general, la noche traía consigo una profunda sensación de soledad y desolación, pero en esta ocasión en particular, la noche traía algo diferente. En lugar de una sensación abrumadora de aislamiento, encontré un rayo de esperanza. Por primera vez, no me sentí sola y la noche ya no era amenazante sino prometedora. por primera vez estaba rodeada de compañia y finalmente experimenté una sensación de pertenencia, me sentí realmente en casa, mi verdadero hogar.

PRIMER VIAJE

Después de terminar nuestro lonche, de repente se produjo un alboroto. Los niños emocionados empezaron a correr hacia la escalera principal y yo me encontré siguiéndolos. Cuando llegué a la escalera, vi al Padre bajando con un grupo de niñas y Lucy, su secretaria. Las niñas, que habían estado comiendo conmigo se acercaron ansiosamente para tocar y abrazar al Padre José mientras bajaba. A pesar del alegre caos, el Padre hizo lo mejor que pudo para saludar a todos mientras el personal del comedor intentaba restablecer el orden gritando: "¡Ya, niños, por favor regresen!". Mientras el Padre se dirigía hacia la calle, Lucy me llamó, invitándome a unirme a ellas. Cuando salimos, ví cómo el Padre subía a un carro Toyota blanco, las otras niñas se apretujaron dentro del coche, sentándose unas encima de otras hasta que el carro estuvo lleno hasta el tope y con todos ensardinados dentro del vehículo emprendimos nuestro viaje.

Mientras viajábamos, observé que las niñas inundaban al Padre con preguntas mientras que algunas se tiraban del pelo de forma traviesa, incriminándome jugetonamente. El ambiente estaba lleno de risas, travesuras y una sensación amena. Después de un rato, llegamos a una gran tienda en el distrito de Magdalena, enclavada en el bullicioso mercado abierto que rebosaba de actividad y ocupaba las aceras de la zona. Cuando el sol empezó a ponerse sobre el movido mercado, paseamos por los estrechos pasillos, disfrutando de las vistas y los sonidos de los vendedores que cerraban sus puestos por el día. El aire estaba lleno del tentador aroma de la comida callejera y la charla emocionada de los compradores que hacían sus últimas compras.

En medio de la luz del día que se desvanecía, nos dirigimos a la gran tienda que todavía recibía a los clientes con su acogedor ambiente. Al entrar, me sorprendió la atmósfera serena y las suaves y relajantes notas de música que llenaban el aire. La tienda exudaba un aura de elegancia y orden que me pareció casi surrealista. Era la primera vez que experimentaba entrar a tan elegante lugar. A mis casi 9 años solo había visto estos lugares en películas. Mientras caminábamos por los pasillos, nos encontramos en la encantadora sección de niños. Lucy seleccionaba hábilmente las prendas de los estantes, examinando cuidadosamente cada una para asegurarse de que se ajustaran perfectamente tanto a mí como a otra niña más pequeña que nos acompañaba. Observé con asombro cómo elegía una encantadora variedad de prendas, que incluían blusas, vestidos, una túnica blanca impecable diseñada para usarse debajo de un uniforme escolar y un cómodo pijama. Cuando me entregó las prendas, una sensación de asombro me invadió. No pude evitar preguntarme: ¿todo esto ...era para mí?

PRIMERA CENA

AL LLEGAR A LA RESIDENCIA, NOS LLEVARON A UN espacioso comedor adyacente a la cocina. La gran mesa, diseñada en una llamativa forma de L y adornada en un rico tono rojo con puntos amarillos, era la pieza central de la habitación. La cena se presentó en ollas, cada una meticulosamente cubierta con tapas y servilletas de tela. Todos esperaban a que el Padre entre primero al comedor para poder sentarse. Con su llegada, todos ocuparon asientos designados, y no pude evitar notar la disposición sutil pero distinta de los asientos: cada niña tenía su lugar preferido en la mesa. Era evidente que todas respetaban los asientos tácitamente asignados.

Tras la solemne bendición de la comida por parte del Padre, las niñas mayores comenzaron ceremoniosamente a servir cada plato. Una costumbre notable era que el Padre siempre era el último en ser servido y nadie participaba de su comida hasta que él hubiera consumido el primer bocado. Esta formalidad era diferente a mis experiencias habituales en las comidas donde no se observaban tales rituales, ya que estaba acostumbrada a comer sola, a cualquier hora y sin ningún orden. También noté que nadie se levantaba de la mesa sin pedir permiso al Padre, una muestra de respeto y deferencia que impregnaba el comedor. Toda la escena exudaba un aire de tradición y reverencia, y todo se desarrolló de manera fluida y orgánica. Mientras disfrutábamos de nuestra comida, el Padre nos entretenía con sus ingeniosos chistes y anéctodas e hizo que las niñas participaran en conversaciones que invitaban a la reflexión sobre sus experiencias escolares y temas relacionados con Dios. Las niñas compartían con entusiasmo sus pensamientos, con la esperanza de impresionar al Padre con sus perspicaces respuestas. Colocadas en el centro de la mesa, había una variedad de vitaminas, cuidadosamente distribuidas por el Padre a cada una de nosotras, incluyendo complejo B, vitamina C, hierro y más.

Después de la cena, todos seguimos al Padre a la sala que albergaba la venerada imagen de la Virgen de Fátima. En ese momento, el Padre se arrodilló y el resto de nosotros hicimos lo mismo, comenzando la recitación de lo que ahora entiendo como el Santo Rosario. Esta práctica devocional se hacía diariamente y era obligatoria para nosotros. Nunca había rezado tanto, me parecio interminable, extraño y a la misma vez interesante. Finalmente de lo que pareció una eternidad, nos retiramos a nuestras respectivas habitaciones para pasar la noche.

ACOMODACIONES

DESPUÉS DE DESPEDIRME DEL PADRE, ME LLEVARON AL tercer piso para ver mi dormitorio. En el camino, pasamos por el Segundo piso en donde estaba la oficina principal. Al lado derecho había una Puerta que emitió un crujido rechinante cuando la abrimos, revelando una estrecha escalera de metal en forma de caracol en el interior. Al subir la escalera, me llamó la atención la vista del lado izquierdo; un área espaciosa que albergaba lo que parecía ser un gallinero improvisado. Para mi asombro, el gallinero estaba lleno de vida, albergando no solo gallinas y patos, sino también conejos, palomas e incluso una tortuga solitaria. Al mirar por la ventana en un intento de encontrar a mi polluelo, me encontré con la vista de los animales acurrucados allí para pasar la noche, durmiendo pacíficamente. Algo me indicó que ese iba a ser mi lugar favorito. Continuamos por un pasillo tenuemente iluminado que nos llevó a un espacioso almacén lleno de una variedad de artículos, incluidas bolsas de ropa, herramientas, juguetes y libros. Cuando llegamos al final del almacén, entramos en una habitación que contenía dos camarotes, cada una meticulosamente arreglada con espacio de almacenamiento personal. La siguiente habitación era un reflejo de la primera, con un conjunto idéntico de camarotes esperando a sus ocupantes.

Al llegar, me dieron la opción de elegir entre la cama superior y la inferior, y decidí quedarme con la cama superior. Después, me mostraron una cómoda donde se había ordenado cuidadosamente una selección de ropa nueva para mí. Me asignaron un cajón que ya contenía prendas que se adaptaban perfectamente a mi talla. Para mi sorpresa, también descubrí un par de zapatos nuevos entre las prendas, lo que agregó un toque inesperado de elegancia a mi nuevo guardarropa. La ducha estaba situada en el segundo piso, junto a la escalera de caracol. Al llegar al baño, las chicas mayores amablemente me ayudaron con el aseo y luego me pusieron mi nuevo pijama, que se sentía increíblemente suave y reconfortante. Nunca antes había tenido un pijama, siempre estaba acostumbrada a dormir con cualquier ropa vieja que tenia. El aroma fresco de la ropa recién adquirida llenó la habitación, creando una sensación de calidez. Todavía puedo recordar ese día cada vez que compro un pijama nuevo.

Arropada en mi nueva cama, sentí una abrumadora sensación de seguridad. Fue un momento que me acompañaría durante años. Debajo de mí, una niña dormía en paz, mientras que en el camarote contiguo, dos niñas más se acostaban cómodamente. La luz se apagó , el dia terminó y mi nueva vida empezó.

. . .

INTERNAS Y EXTERNAS

A MEDIDA QUE PASABA EL TIEMPO, ME IBA DANDO cuenta de como todo funcionaba diariamente. El patio de abajo estaba constantemente lleno de alegres charlas y risas de numerosos niños, profundamente absortos en sus juegos o estudios en la pintoresca y pequeña escuela. Además, también había niños que no formaban parte del alumnado de la escuelita, pero que pasaban todo el día allí, participando con entusiasmo en diversas actividades hasta que llegaban sus padres para llevarlos a casa. Me dí cuenta de que había varias niñas que nadie las recogía y se quedaban permanentemente en el Hogar. A estas niñas, entre las que me encontraba yo, se les denominaba "internas". Por otro lado, a las niñas que se iban a casa al final de la jornada diaria se les llamaba "externas". Esta distinción creaba una clara diferencia entre las que se quedaban en las instalaciones y las que se marchaban al final de cada jornada.

A mediados de los años 50, el Padre José, recién empezaba su labor social ejecutándola con mucha dedicación y compasión. Poco después, el destino lo embarcarcó en un viaje que le cambiaría la vida. Fue durante ese tiempo que a sus manos llegó una niña huérfana abandonada, la cual tomó bajo su cuidado personal, lo que marcó el comienzo de un vínculo especial. Esta niña se convirtió en la primera "interna" bajo la guía amorosa del Padre José y fue criada como si fuera su propia hija. A medida que pasaba el tiempo, cada vez más niñas que necesitaban un hogar y apoyo lo encontraron al cuidado del Padre José. Estas niñas no solo encontraron refugio y atención, pero también se convirtieron en parte de una familia en crecimiento, apoyándose y cuidándose mutuamente bajo la guía del sacerdote. A medida que estas niñas se convertían en jóvenes, continuaban participando en la fundación y en el trabajo social del Padre José, apoyando activamente en sus proyectos e iniciativas para ayudar a otras personas necesitadas.

Al llegar al Hogar en 1979, pasé a formar parte de la tercera generación de niñas bajo el cuidado personal del sacerdote. Los criterios para ser considerada "interna" eran específicos. Para poder optar a esta oportunidad, una niña tenía que proceder de una situación de extrema pobreza, o estar expuesta al peligro, a menudo sin padres, o en su mayoría hijas de madres solteras que no tenían un hogar propio decente. Las niñas debían carecer de protección adecuada y de acceso a las necesidades básicas. En esencia, las internas se encontraban entre las personas más vulnerables y yo me encontraba en ese grupo. Las historias de las niñas que estuvieron bajo el cuidado personal del Padre José fueron notablemente similares. Por ejemplo, dos de las niñas llegaron al Hogar cuando tenían apenas 6 y 7 años respectivamente, hijas de una madre soltera, vivían en un humilde lugar. debido a problemas de salud recurrentes fueron admitidas al cuidado del Padre José. A pesar de estas difíciles circunstancias, ahora crecidas, estas niñas ayudaban al Padre José en el cuidado de los más pequeños del Hogar.

Una de las niñas más pequeñas era huérfana de nacimiento, y nunca conoció a sus padres. Otra niña vivía en una habitación estrecha y destartalada con el piso roto, donde se acumulaba constantemente un charco de agua. Compartía el espacio con sus cinco hermanos y su madre, quien tenía que salir a trabajar temprano en la mañana, dejando a los niños a su suerte todo el día. Otra niña provenía de una familia de cuatro hermanos, criados por una madre soltera con un padre ausente. Vivían en una quinta rústica, compuesta por pequeñas habitaciones en su habitación solo tenían un camarote y una cama individual para su madre trabajadora. Cada una tenía historias que compartían el tema común de la pobreza, pero cada historia era única a su manera.

El Padre Frisancho dio una cálida y compasiva bienvenida a estas niñas, brindándoles la oportunidad de abrazar una vida llena de dignidad. Nuestro destino parecía sellado por la pobreza, un destino ensombrecido por la miseria, el hambre y el duro aguijón del rechazo social, dejándonos sin perspectivas de progreso, con un futuro incierto. Las "internas" se referían a un grupo selecto de 9 a 12 niñas, con edades que oscilaban entre los 7 y los 16 años. Estas niñas formaban parte del grupo desde una edad temprana y esencialmente crecieron juntas dentro de esta comunidad. El Padre Frisancho se aseguró de que no nos faltara nada, tratándonos con el mismo cuidado y atención como sus propias hijas. A diferencia de la práctica común en los orfanatos, no nos vestía con uniforme.

A mi llegada al Hogar, fui testigo del florecimiento de la obra social del Padre José, acompañada de un aumento de los desafíos, ataques y la oposición de personas descontentas. La gran cantidad de donaciones, tanto locales como internacionales, permitió que las modestas carretillas se transformaran en flotas de camiones que salían cada mañana a buscar contribuciones para las impactantes iniciativas de la obra del Padre.

COMIENZOS

TODAS LAS MAÑANAS, LAS RELAJANTES MELODÍAS DE música clásica llenaban nuestro Hogar, mientras que el Padre ponía las sinfonías de Beethoven, los nocturnos de Chopin y los conciertos de Mozart a todo volumen. Las melodías elegantes y atemporales nos despertaban suavemente de nuestro sueño, marcando el tono para el día que nos esperaba mientras nos preparábamos para la escuela.

Los arreglos para dormir eran los siguientes: la mayoría de niñas se alojaban en las habitaciones del tercer piso, mientras que unas pocas utilizaban el segundo piso. Curiosamente, nuestro Padre no tenía un dormitorio designado, en cambio, a menudo optaba por descansar en la sala de estar o en una de las habitaciones disponibles adyacentes a su oficina. A pesar de su papel destacado, sus efectos personales eran notablemente mínimos, ya que casi todas sus pertenencias se guardaban en el baño ubicado frente a su oficina. Dentro de este espacio, se podía encontrar una modesta colección de artículos, incluidas algunas camisas, un par de pantalones negros, una sotana, una chaqueta de vestir y uno o dos pares de zapatos, todos guardados en el baño.

Todas las mañanas, cuando la luz del día se asomaba suavemente sobre el horizonte, bajábamos ansiosas al comedor para saborear un delicioso desayuno preparado por la señora Rosita, la estimada cocinera principal. Sus creaciones culinarias siempre estaban impregnadas de una generosa dosis de amor y cuidado. Después de disfrutar del banquete matutino, subíamos a la oficina principal para despedirnos del Padre. Mientras intercambiábamos cálidas despedidas, el Padre discretamente le daba nuestra propina a la niña mayor, la cual la administraba y repartía ingualmente entre nosotras durante el tan esperado recreo escolar.

Cabello Mio

Cuando llegué por primera vez al Hogar, mi largo cabello castaño me caía en cascada hasta la cintura. Sin embargo, mi vanidad duró poco, ya que descubrieron tiña en mi cuero cabelludo; de pronto, mi hermoso cabello estaba sentenciado a muerte. La recomendación del médico de raparme el cabello me devastó por completo. Desesperada por salvar mi cabello, intentamos varios métodos, entre ellos aplicar kerosene, lavarme el cabello con hierbas y ungüentos, pero desafortunadamente, nada parecía funcionar.

El fatídico día finalmente llegó, me llevaron a una silla y me sentaron. Me sentí abrumada por la tristeza y el miedo mientras veía con horror cómo me cortaban el cabello sin piedad y este caía al suelo. El sonido de la máquina parecía resonar en la habitación, marcando el cambio irreversible que se estaba produciendo. Al final de la tortura sentí el aire frío que acariciaba mi cuero cabelludo, mi cabeza estaba completamente rapada, dejándome sin otra opción que cubrirla con un sombrero. Mirándome en el espejo, no pude evitar sentirme como una sombra de mi antiguo ser, parecida a una paciente de cáncer en tratamiento. A petición mía y para ahorrarme más humillaciones, me transfirieron a una escuela diferente hasta que me volviera a crecer el cabello. A pesar de ser una recién llegada en esa nueva escuela descubrí que la atención de mis compañeros se dirigía inmediatamente hacia mí, en particular debido a mi calvicie y al llamativo sombrero que usaba en un intento vano de ocultar mi nueva apariencia. En lugar de recibir compasión, me encontré con burlas y crueldad. Mis compañeros de clase me arrebataban sin piedad el sombrero y lo pasaban de mano en mano alrededor del aula mientras gritaban "¡Cocobola! ¡Cocobola!" Como detestaba esa escuela y la forma en que esos niños me trataban. Finalmente, mi cabello volvió a crecer, y como Sansón recuperé mi autoestima y pude regresar a la escuela del barrio, dejando atrás el tormento.

EL COLEGIO

Nuestra escuela primaria estaba a un corto paso de nuestro Hogar, así que hacíamos el trayecto a pie con frecuencia. Durante nuestros viajes de regreso, nos cruzábamos con los niños del lugar que a menudo nos acompañaban en nuestro camino hacia el Hogar. La mayoría de estos niños eran estudiantes externos, que después de la escuela esperaban en el Hogar a que sus padres terminaran de trabajar y los recogieran. Esta rutina creó un fuerte sentido de comunidad entre los niños del vecindario. La caminata diaria a la escuela era un momento en el que experimentábamos una sensación de independencia, al aventurarnos a salir sin la supervisión constante de los adultos. Eran las niñas mayores las que se encargaban de garantizar nuestra seguridad durante este viaje. A lo largo del camino, a menudo nos cruzábamos con niñas de nuestro colegio, algunas de las cuales compartían la misma aula que yo, fomentando un sentido de comunidad y familiaridad durante nuestro viaje diario.

La escuela primaria a la que asistí era una escuela estatal pequeña y antigua. No era tan grande como algunas de las otras escuelas de la zona. El local tenía mucha historia y se podía ver evidencia de su edad en las paredes desgastadas y el piso rajado. Los baños eran cilos o huecos en el piso usualmente sucios que necesitaban atención. Pasé tres años en esa escuela, hasta el quinto grado, y si bien tenía sus defectos, fue un lugar donde acumulé muchos gratos recuerdos y aprendí mucho.

LARGA VIDA A LA REINA

EN EL ULTIMO AÑO DE ESTUDIO EN LA ESCUELA, inesperadamente me eligieron como la "reina de promoción". Fue una sorpresa para mí porque no me consideraba particularmente amigable y a menudo me encontraba en problemas. Tampoco era la estudiante más dedicada. A pesar de esto, estaba emocionada con la idea de ser seleccionada para este papel.

Todos los años, la clase de quinto grado celebraba una ceremonia especial para coronar a su reina de promoción. La niña elegida sería adornada con una corona brillante, una banda que cubría elegantemente su pecho y una varita mágica para completar su conjunto regal. Su cabello sería peinado meticulosamente y usaría un maquillaje suave que acentuara su belleza natural. Para una niña de 12 años, ser elegida reina de promoción no sólo fue un acontecimiento significativo, también fue un gran honor.

Cuando llegué a casa, mi corazón latía con fuerza de la emoción. Me dirigí de frente a la oficina principal donde trabajaba el Padre José, ansiosa por compartir la noticia con él. Con una mezcla de nervios y emoción, reuní el coraje para decirle que me habían elegido reina de promoción. muy atenta estaba esperando las respectivas felicitaciones del Padre, me emocionaba la idea de que se sienta orgulloso de mí ya que siempre le daba solo dolores de cabeza, finalmente tenía algo bueno que ofrecer. Después de un momento de silencio, el Padre dio su veredicto con un suave pero firme "No". su respuesta me dejó desconcertada y me sentí demasiado tímida para pedir una explicación, sabiendo que su palabra era definitiva. Al día siguiente, desanimada, le conté a mi maestra lo que había sucedido. Ella me dijo: *"no te preocupes, tu vas a ser la Reina de promoción"* y con esto, Me animó a asistir el día de la graduación como cualquier otro día, sin más explicación.

El día tan esperado finalmente llegó y para asombro de todos, incluido el mío, me coronarían reina. Cuando entré a mi aula, mi maestra me acompañó a una habitación aislada en donde un grupo de niñas esperaban ansiosamente mi llegada, cada una sosteniendo un accesorio diferente para completar mi conjunto. Una niña me entregó un par de delicadas medias, otra me presentó con cuidado un vestido impresionante y otra más me ofreció un par de zapatos brillantes de charol. Mientras mi maestra me ayudaba expertamente a ponerme el atuendo, la maestra auxiliar me peinaba hábilmente y me maquillaba agregando un aire de encanto a todo el evento. En esos momentos transformadores, no pude evitar sentirme como cenicienta, mientras estaba allí, adornada con atuendo prestado, lista para hacer mi gran entrada.

Con mucha frescura empeze a saludar a los espectadores mientras me llevaban en mi trono alrededor del colegio. Que bien me sentí. La sensación de audacia era vigorizante. Mientras desfilaba, mis compañeras del Hogar se sorprendieron al verme, mi secreto bien guardado finalmente fue revelado. En ese momento, sentí que nada podría detener mi reinado, el cual duró menos de una hora. Al final del evento, como la cenicienta, me despojaron de mis hermosos atuendos prestados y volví a mi uniforme de colegio lo que marcó el final de mi tiempo en la escuela primaria.

MI PRIMERA COMUNIÓN

EN DICIEMBRE DE 1979 EXPERIMENTÉ UN MOMENTO trascendental en mi vida cuando recibí mi primera comunión. Fue un día increíblemente especial que guardo en mi corazón. Antes de este importante evento, el Padre dedicó sus tardes a enseñarnos catesismo personalmente en un salón en el primer piso de nuestro Hogar. El Padre José utilizó una variedad de herramientas de enseñanza, con gráficos y dibujos para hacer que las lecciones fueran interesantes e informativas. Recuerdo los meses de preparación que llevaron a ese día monumental, ya que la dedicación y la guía del Padre desempeñaron un papel crucial para garantizar que estuviéramos listos para el gran dia. El tan esperado 8 de diciembre finalmente llegó, la atmósfera estaba llena de emoción y anticipación. La cocina estaba llena de actividad ya que numerosas personas participaban en los preparativos, desde la decoración hasta la comida. En medio del alegre caos había una sensación de serenidad mientras estábamos adornadas con sencillos pero lindos vestidos y velos blancos. Con gran anticipación, nos alineamos de manera ordenada y nos dirigimos a la encantadora iglesia de la esquina. Al entrar, nos recibió la vista del Padre José esperando ansiosamente para oficiar la Misa. La ceremonia fue un evento hermoso y memorable, lleno de solemnidad y alegría. Cada momento, desde las sentidas oraciones hasta las animadas melodías quedó grabado en nuestra memoria, asegurando que el 8 de diciembre permanecería por siempre como un día preciado inolvidable. El momento de la gran celebración llegó cuando todos los niños ansiosos esperábamos en la cola para recibir a Jesús en la eucaristía. El concepto de recibir a Jesús el hijo de Dios en mi boca y unirme a él de manera especial estaba fuera de mi mas pintoresca imaginación. Con gran curiosidad miraba a cada niño delante mío que recibía la tan ansiada communion para ver si algo pasaba, que sentía en su boca? a que sabía? Los minutos se hicieron eternos hasta que finalmente me tocó mi turno: "el cuerpo de Cristo" "amén" no sentí físicamente nada en particular pero una gran sensacion de pertenecer a Dios. Al arrodillarme, le dí a Jesús mi lista de deseos y promesas. Me sentí diferente y especial.

Después de la hermosa y solemne ceremonia, nos dirigimos de regreso a nuestro Hogar. Al llegar, nos recibió la vista de un pintoresco patio adornado con decoraciones coloridas. En el centro había una mesa larga, exquisitamente decorada, esperando nuestra llegada. La mesa estaba adornada con delicados manteles blancos y con encantadores centros de mesa florales. Emocionados y alegres, todos los niños que acababan de experimentar su primera comunión ya estaban sentados en la mesa, charlando y riendo anticipando las festividades. A la cabeza de la mesa, se reservó un lugar de honor para el Padre, lo que significa su importante papel en la ocasión. Reunidos alrededor de la mesa y liderados por el Padre José, inclinamos nuestras cabezas en oración, expresando nuestra gratitud por este día especial. Al concluir la oración, tomamos nuestros asientos y nos preparamos para participar en el delicioso banquete que nos esperaba, atesorando los recuerdos de este importante evento.

El Padre hizo todo lo posible para asegurarse de que este día fuera realmente memorable y especial para todos. El había seleccionado personalmente nuestros atuendos únicos y especiales para dicha ocasión. Además, el Padre se encargó de que cada niño tuviera zapatos nuevos, gracias a las generosas donaciones de las grandes tiendas y empresas de la zona. Este gesto considerado trajo sonrisas a los rostros de todos los niños y llenó el día de alegría y emoción. En este evento anual celebrado en el Hogar, todos los niños fueron agasajados como reyes con un delicioso banquete con guisos humeantes y postres deliciosos que deleitaron los paladares. Mientras tanto, los padres de los niños también se unieron a las festividades, pero tenían su propia mesa separada. El Padre José quien organizó el evento se aseguró de que fuera un día de alegría y júbilo para todos los involucrados, y realmente estuvo a la altura de esa expectativa. Esta conmovedora celebración se convirtió en una tradición querida, esperada con entusiasmo por todos los niños que formaban parte de el Hogar.

COCINERAS DE AMOR

CUANDO REGRESÁBAMOS DE LA ESCUELA ESPERÁBAMOS con ansias nuestra rutina de almuerzo. Debido a su ajetreada rutina, el Padre no podia acompañarnos a almorzar ya que había ocasiones en las que estaba muy ocupado. La responsabilidad de preparar nuestras comidas recaía sobre las hábiles manos de la señora Rosita y la señora Julia, quienes estaban a cargo de la cocina y tenían asistentes para ayudarlas. Ellas cocinaban incansablemente para los numerosos niños del hogar, y las ollas que usaban eran colosales. A pesar de las grandes cantidades de comida que preparaban, las comidas que servían siempre eran increíblemente deliciosas.

El Padre José llamaba a la Sra Rosita "Señora paciencia" por su caracter dulce y carisma en la preparacion de los alimentos del Hogar. La señora Rosita y la señora Julia eran trabajadoras dedicadas que llegaban al hogar muy temprano cada día, a menudo siendo las primeras en llegar y siempre puntuales. El compromiso con su trabajo era inquebrantable y solo faltaban al trabajo en casos de enfermedad o asuntos urgentes. Sus habilidades culinarias se extendían más allá de los niños del hogar; también preparaban comidas para los empleados de oficina, los choferes, los invitados e incluso los animales como perros y pájaros. La capacidad para poder atender las necesidades de todos con notable paciencia y precisión era verdaderamente admirable. Cuando terminaban su jornada laboral alrededor de las 6 o 7 pm, siempre se aseguraban de dejarnos una deliciosa comida lista para disfrutar, era un gran alivio encontrar la cena lista después de un largo día. El único día en que se tomaban un descanso era el domingo, que era su día libre designado.

Los domingos, teníamos la oportunidad de aprender el arte de cocinar. Ese día en particular, dos de nosotras nos turnábamos para preparar las comidas ya que no teníamos a la sra Rosita o a la sra Julia. Los domingos era el único día en que los niños externos no venían de visita. Fué un Domingo en el que aprendí a cocinar mi primer plato: estofado de pollo.

La señora Rosita, cocinera principal siempre se esforzaba por preparar algo extraordinario para el Padre José, a pesar de que el Padre siempre insistía en que lo trataran igual que a los demás. Un día, durante la cena, la señora Rosita le sirvió al Padre José un plato exquisito especialmente preparado, asegurándose de que recibiera una porción generosa. Para su sorpresa, el Padre José se levantó de su asiento y ofreció su lugar a uno de los niños presentes, diciéndole a la señora Rosita con una cálida sonrisa: "Los niños siempre deben ser primero".

El Padre Frisancho tenía una tendencia a sorprendernos con sus hábitos alimenticios poco convencionales. No era raro verlo añadir una pizca generosa de sal a su postre o mezclar una cucharada de azúcar en su guiso. En algunas ocasiones, renunciaba a una comida completa y simplemente saboreaba un solo tomate. A medida que fui creciendo, llegué a comprender que sus acciones tenían su raíz en la práctica de la mortificación y el ayuno. A pesar de sus esfuerzos por ser discreto, no podíamos dejar de notarlo. Sin embargo, el Padre Frisancho siempre se las arreglaba para convencernos de que realmente disfrutaba de estas combinaciones de sabores inusuales. Intrigadas por sus elecciones, nosotras intentabamos imitarlo con la esperanza de descubrir alguna sabiduría culinaria cusqueña oculta, solo para darnos cuenta de que estas combinaciones eran un gusto adquirido. Sin embargo, creíamos que obtenía un verdadero disfrute de estas combinaciones poco ortodoxas.

La Junta Directiva

Los martes, los directivos se reunían en la fundación, lo que marcaba una ocasión especial. Esta reunión estaba compuesta por un grupo dedicado de colegas y amigos del Padre José, quienes habían sido fundamentales para apoyarlo desde el inicio de su trabajo social. Estas personas que eran económicamente acomodadas, continuaron brindando un respaldo sustancial a las iniciativas del Padre, participando activamente en la toma de decisiones críticas y la supervisión de varios proyectos emprendidos por la fundación. Es importante señalar que no recibían ninguna compensación financiera por sus contribuciones y fueron impulsados únicamente por sus intenciones sinceras de ayudar a los mas necesitados.

Para nosotras ellos eran invasores, ocupando nuestra preciada mesa de estudio ubicada en la sala principal. Su presencia nos impedía acceder a la mesa, lo que nos obligaba a trasladarnos al comedor del primer piso, o a la cocina para completar nuestras tareas. Este nuevo espacio de trabajo estaba expuesto al ruido constante y las distracciones causadas por los otros niños de la casa.

El menú que la Sra. Rosita y la Sra. Julia preparaban para la Junta Directiva siempre fue un asunto meticulosamente planeado. Cada detalle era considerado cuidadosamente para garantizar que fuera nada menos que perfecto. La mesa estaba adornada con exquisitos platos reservados únicamente para los miembros de la junta. Nosotras muchas veces ayudabamos a attender a estos distinguidos comensales, y con mucho cuidado presentábamos los deliciosos platos a estas importantes personas que no solo estaban impecablemente vestidos y arreglados, sino que también exudaban un sentido de amabilidad y humildad que hacía que la ocasión fuera verdaderamente especial.

CAPÍTULO 7
RUTINA

La oficina principal, ubicada en el corazón de la fundación, sirvió como centro primordial de todas las operaciones relacionadas con la obra del Padre José. Todas las mañanas la oficina bullía de actividad con un flujo constante de choferes que llegaban para recibir sus áreas de trabajo designadas y reunir los recursos necesarios para llevar a cabo sus tareas. Además, era un lugar fundamental para recolectar y coordinar donaciones para apoyar la misión de la fundación. Una vez completadas sus asignaciones de ruta, cada conductor recibía una lista detallada de direcciones específicas e instrucciones correspondientes para su viaje. Después de la distribución de las rutas, el Padre José reunía a los choferes para hacer oración y les daba una bendición para garantizar su seguridad y éxito antes de que se embarcaran en sus respectivos viajes. La oficina siempre estaba llena de actividad con ingenieros, arquitectos, secretarias y asistentes y muchas otras personas involucradas en las operaciones de la fundación, los cuales iban y venían constantemente. El persistente olor a cigarrillo impregnaba el aire, algo común en la oficina del Padre ya que muchos del personal fumaban. Las mañanas se caracterizaban constantemente por este ambiente animado, con la oficina llena de una gran variedad de individuos. El periquito de la oficina, un pájaro de color verde y amarillo vibrante, tenía una marcada preferencia por ciertos individuos. Cuando alguien entraba a la oficina que no era de su agrado, el periquito lo perseguía y le picoteaba agresivamente, lo que incitaba a estos individuos a esperar afuera de la oficina para poder ser atendidos. Este periquito mostraba un comportamiento completamente diferente cerca del Padre José que a menudo se posaba en su hombro, besándole cariñosamente la oreja.

Durante las vacaciones escolares, nos encargaban de ayudar a los conductores a reunir donaciones para la fundación. Cada conductor estaba acompañado por dos niñas mayores y nuestra tarea principal consistía en ayudar a cargar los productos donados en el camión. Esta experiencia fue como una escapada divertida, ya que normalmente estábamos confinadas en el Hogar con una libertad limitada. Estar en las calles animadas, en medio del ajetreo y el bullicio de la ciudad era un cambio agradable y refrescante para nosotras. Una vez reunidas todas las generosas donaciones, nos dirigíamos al almacén para descargar y organizar cuidadosamente todo lo que habíamos reunido antes de emprender el camino de regreso. Cada conductor tenía su propia personalidad distintiva: algunos eran muy centrados y serios, mientras que otros aportaban una energía alegre y divertida al grupo. En el camino, hacíamos paradas ocasionales en la tienda, donde algunos de los conductores amablemente nos obsequiaban algunos dulces, y compartian con nosotras sus meriendas, lo que agregaba un toque de camaraderia y familiaridad a nuestro viaje.

VIDA EN FAMILIA

NUESTRA VIDA EN EL HOGAR ESTABA MUY SUPERVISADA. Salir de casa era algo poco frecuente y se permitía solo por razones importantes. Pasábamos la mayor parte del día adentro, concentrados en nuestros estudios y en hacer las tareas escolares. siempre, disfrutábamos de la compañía de otros niños y jugábamos hasta que llegaba la hora de que se fueran a sus casas. El Padre José tenía una agenda muy apretada, y a menudo salía durante el día y regresaba exhausto. Sin embargo, a pesar de su cansancio, siempre hacía el esfuerzo de llevarnos a comer o al mercado a pasear. De vez en cuando, salíamos en familia, sobre todo durante los días feriados, cuando las oficinas estaban cerradas. Aprovechando estas fiestas, disfrutábamos juntos de viajes locales, aventurándonos en las afueras de Lima, descubriendo pintorescos pueblos más allá de los límites de la ciudad. Siempre era una experiencia emocionante, ya que nos levantábamos ansiosas al amanecer para preparar una deliciosa comida. Una vez que terminábamos de cocinar, empacábamos cuidadosamente las ollas de comida en la camioneta y partíamos hacia nuestro destino donde disfrutábamos de un delicioso picnic en la encantadora ciudad que estábamos explorando. Al llegar a la plaza central de la zona, caminábamos por los alrededores adornados con varios tipos de vegetación, mientras que el Padre José se relajaba leyendo la biblia. Posteriormente, nos reuníamos bajo el abrazo protector de un simple árbol para disfrutar de las creaciones culinarias que habíamos preparado para nuestra merienda del mediodía. A nuestro regreso, en caso de que hubiera escasez de alimentos en casa, el Padre José amablemente nos llevaba a cenar a un restaurante local. A través de sus conexiones establecidas, a menudo conseguía importantes descuentos o incluso comidas gratuitas para nosotros en ciertos establecimientos. Además, también frecuentábamos los puestos de comida en el vibrante mercado de Magdalena. El Padre José se dedicó a crear un sentido de normalidad para nosotros, asegurándose de que nunca nos sintiéramos como simples niñas que residian en un orfanato.

Tenemos recuerdos muy preciados de nuestras salidas en bicicleta en familia. Cada una de nosotras tenía su propia bicicleta, y todavía puedo recordar vívidamente la imagen del Padre Frisancho maniobrando cuidadosamente su confiable Toyota por las bulliciosas calles de la ciudad, siempre en busca de rutas más tranquilas y pintorescas hacia nuestro destino, que a menudo era la tienda de comestibles local. Mientras lo seguíamos en fila india en nuestras bicicletas, la ciudad se desplegaba ante nosotros, con su energía vibrante y encanto único. En el camino, El Padre se detenía para comprar Inca Kola para cada una de nosotras, agregando un toque refrescante a nuestro viaje.

El parque ubicado detrás del Hogar era pequeño y encantador, donde solíamos reunirnos con entusiasmo para dominar el arte del patinaje u otra actividad. Una Navidad particularmente memorable, nuestro Padre nos sorprendió con patines clásicos de los años 80. Estos patines estaban equipados con cuatro ruedas ajustables que requerían sujetarse con una correa. La pura alegría y emoción que acompañó este regalo extraordinario es algo que ha permanecido conmigo hasta el día de hoy. En ese parque también aprendimos a manejar carro, el Padre pacientemente se tomaba el tiempo de enseñarnos a cada una individualmente y cuando él no estaba disponible, uno de los choferes de la fundación intervenía para darnos instrucciones. Fue durante estas lecciones que adquirí las habilidades necesarias para conducir un carro de transmisión manual.

Paraiso Local

Para sacarnos de la casa y darnos un poco mas de Libertad el Padre José nos llevaba a visitar la impresionante casa de su hermana Susana en las afueras de la ciudad. La casa estába situada cerca de unas majestuosas montañas y contaba con una hermosa piscina, lo que nos ofrecía la oportunidad perfecta de experimentar la libertad y relajación. La hermana menor del Padre era una mujer refinada y sofisticada, con un cabello corto y ondulado, ella guardaba un notable parecido con su hermano. La similitud entre los dos era sorprendentemente evidente para cualquiera que los viera.

LA HERMANA DEL PADRE JOSÉ HABÍA ESTADO VIVIENDO en Miami, EE. UU. A pesar de la distancia, ella hacía un esfuerzo por viajar regularmente entre Miami y Perú y visitaba a su hermano el Padre José, siempre que su agenda se lo permitía. El Padre José encontraba consuelo y descanso en la casa de su hermana, un refugio tranquilo alejado de la caótica vida de la ciudad. Con las llaves de la casa en su poder, el Padre podía acceder a la propiedad cada vez que su hermana estaba fuera del país, lo que le permitía relajarse y recargar energías en el sereno entorno de esta casa. La casa era una morada espaciosa y para nosotras lujosa, situada en la base de una suave colina. La ladera estaba adornada con frondosos árboles cuyas ramas se extendían hacia el cielo, proporcionando el patio de recreo perfecto para nuestras escapadas juveniles. Mientras el Padre saboreaba momentos de relajación absorto en las páginas de sus libros, nosotras buscábamos ansiosamente nuevas aventuras. Las noches en esa casa eran tranquilas y pacíficas, con los únicos sonidos siendo el suave susurro de las hojas en los árboles cercanos y los arrullos de las palomas. Nosotras dormíamos muy cómodamente en las acogedoras habitaciones. Las chicas mayores se encargaban de cocinar deliciosas comidas, llenando la casa de diversos aromas, mientras que las más jóvenes ayudaban con entusiasmo a lavar los platos y ordenar, creando una cálida atmósfera de unión.

El Padre y su hermana compartían un vínculo basado en el amor y el respeto mutuo. Ella lo trataba con gran amabilidad y consideración, y su estrecha relación era evidente en la manera fácil en que interactuaban entre sí. La hermana del Padre nos deleitó con encantadoras historias de sus experiencias en los Estados Unidos, pintando vívidas imágenes de la diferente forma de vida allí. Nosotras nos aferrabamos a cada uno de sus relatos, encantadas con sus historias y la tierra lejana que describía. Nuestro tiempo en esa casa fue realmente especial, lleno de recuerdos entrañables y una calidez familiar.

Hermoso Cusco

Debido al proyecto social en favor de los campesinos en Cusco, el Padre empezó a viajar a esa ciudad con bastante frecuencia. Como resultado, todos los años durante nuestras vacaciones escolares, preparábamos nuestras maletas y lo acompañábamos en estos viajes. Para nosotros era una oportunidad para pasar tiempo con nuestro Padre, y también sumergirnos en la cultura y la belleza de la ciudad que lo vio nacer. Cusco fue una experiencia increíblemente enriquecedora e inolvidable. La impresionante arquitectura de la ciudad y su vibrante cultura nos sumergieron en un mundo de tradiciones profundamente arraigadas. El Padre José, estaba bien orgulloso de sus raíces cusqueñas y su herencia ancestral, y no perdía la oportunidad de inculcarnos el amor al indígena y la rica historia de la civilización inca. El Padre expresaba frecuentemente su preocupación sobre la explotación que enfrentában los pueblos indígenas en la actualidad y compartía sus ambiciosos planes para contribuir activamente a su bienestar y crear un impacto positivo en sus vidas.

La familia del Padre José pertenecía a la clase acomodada y habitaban en una gran residencia situada muy cerca de la Plaza de Armas de la ciudad del Cusco. La Casona, fue dividida entre los hermanos, y una parte sustancial fue legada específicamente al Padre José como parte de la herencia de sus padres. Todos los años, nuestro grupo de unas 12 chicas aproximadamente nos reuníamos en la extensa casona. El tamaño de nuestro grupo variaba de un año a otro, a veces más, a veces menos. La familia del Padre que residía permanentemente en la casa proporcionaba para las niñas una habitación modesta que contenía un pequeño baño. Al principo, a falta de camas adecuadas, dormíamos en el suelo. A pesar de la falta de comodidad, hicimos lo posible por adaptarnos a la situación. Las noches eran frías, pero a pesar de las dificultades, nos sentíamos contentas y agradecidas de estar allí.

Durante todo el tiempo que estuvimos en Cusco, siempre estábamos en movimiento, usando nuestra pequeña habitación únicamente para dormir. Mientras estábamos en Cusco, el Padre José se ocupaba diligentemente de sus tareas, trabajando para promover su proyecto de obra social en la ciudad. Durante su visita, El Padre José centraba su atención en la comunidad rural, lo que nos impulsó a explorar la vida en el campo visitando pequeños pueblos de Cusco y contribuyendo de cualquier manera posible.

Cada año, durante nuestras estadías prolongadas en Cusco, se convirtió en una tradición visitar Machu Picchu, la impresionante ciudadela inca enclavada en los Andes. Para reducir costos, optábamos por preparar nuestras propias comidas, empacándolas en contenedores para disfrutarlas después de nuestra exploración de la antigua ciudadela. A nuestra llegada, nuestro Padre gentilmente nos permitía caminar de forma independiente, disfrutando de las impresionantes vistas y las antiguas ruinas. Su pasión por la historia y la arquitectura de Machu Picchu era evidente, ya que disfrutaba paseando y deteniéndose en varios lugares para orar y admirar la intrincada belleza natural que nos rodeaba. Nosotras disfrutábamos mucho de nuestro tiempo allí, a menudo pasábamos el día entero dentro de los muros de la ciudadela. Cuando se acercaba el mediodía, nos reuníamos para compartir la comida que habíamos traído, ahuyentando a las llamas curiosas que vagaban por la zona, buscando robar nuestro almuerzo. Fue durante estas comidas que el Padre nos deleitaba con historias de la civilización inca, inculcándonos un profundo sentido de orgullo por nuestra herencia cultural y las maravillas de nuestros antepasados.

EL CORO FUSTRADO

DURANTE EL TIEMPO QUE ESTUVIMOS CONFINADAS EN casa, el Padre hacía un esfuerzo deliberado para asegurarse de que estuviéramos ocupadas. Recuerdo vívidamente cómo nos animaba a todas a aprender y dominar un instrumento musical. Las opciones iban desde la guitarra hasta el piano e incluso la flauta. En cuanto a mí, se me encomendó específicamente aprender a tocar el piano. Sorprendentemente, descubrí un talento natural para ello, lo que me permitió reproducir sin esfuerzo cualquier canción al oído. Con el tiempo, perfeccioné mi habilidad para tocar al oído, y también desarrollé la habilidad de escribir música. Recuerdo también que tuvimos el privilegio de recibir lecciones de una instructora de canto de música clásica. Dentro del grupo me designaron como segunda voz. Debo admitir que hubo momentos en los que sintiéndonos aburridas, cantábamos con picardía con una voz deliberadamente gruesa y profunda para interrumpir la armonía. En nuestra diversión juvenil, encontramos esto bastante entretenido. En consecuencia, la pobre maestra tenía que identificar diligentemente la fuente de las notas desafinadas. Eventualmente, tuvimos la maravillosa oportunidad de cantar en el prestigioso Teatro Municipal de Lima. El Padre, lleno de orgullo encargó personalmente la confección de uniformes personalizados para nuestro coro. Fue una experiencia inolvidable que nos llenó de alegría y una sensación de logro.

El día de nuestra participación, la atmósfera estaba cargada de nerviosismo. Cuando subimos al escenario, pude sentir la aprensión colectiva de nuestro grupo. A pesar de la pequeña concurrencia, estaba decidida a darlo todo. Puse mi corazón y mi alma en mi parte, llevando mi voz al límite con la esperanza de ofrecer un espectáculo memorable. Sin embargo, después de nuestro canto, no pude evitar escuchar un rumor acerca de una pareja en el público que comentaron: "Que feo cantan esas niñas". El impacto de esas palabras fue como una daga para nuestras aspiraciones, arrojando una sombra sobre nuestras ambiciones musicales. Creo que ahí se acabó nuestra carrera musical.

PASATIEMPOS

Tengo buenos recuerdos de nuestra instructora de

baile, quien nos enseñó los entresijos de las danzas tradicionales peruanas como la marinera, el huayno y la danza afroperuana. Estábamos emocionadas de demostrar nuestras nuevas habilidades a nuestro Padre, rebosantes de orgullo y entusiasmo. Una de las niñas de nuestro grupo perfeccionó sus habilidades en la danza afroperuana y a medida que florecía hasta la edad adulta, se convirtió en la estrella de todas las celebraciones, cautivando a todos con sus bailes excepcionales.

El Padre José era un jugador de ajedrez muy hábil. Poseía un talento tan notable que llegó a participar en partidas de ajedrez por correspondencia con el actual campeón de ajedrez del Perú de ese entonces, quien era un amigo cercano suyo. A pesar de la formidable reputación del campeón, el Padre José logró salir victorioso en varias ocasiones, mostrando su impresionante dominio del juego. El Padre José fue un profesor increíblemente paciente que se tomó el tiempo de instruir a cada una de nosotras en el complejo juego del ajedrez. Tenemos vívidos recuerdos de haber pasado numerosas tardes reunidas alrededor de la gran mesa de estudio en la sala de estar, absortas en intensas partidas con nuestro Padre, que sin esfuerzo jugaba contra todas nosotras a la misma vez y nos ganaba abrumadoramente. A pesar de sus constantes victorias, él también organizaba mini torneos entre nosotras, lo que alimentaba nuestro espíritu competitivo y sacaba lo mejor de cada una. Con el tiempo, algunas de nosotras nos dedicamos a dominar el juego, y fue un momento de gran orgullo cuando una de las chicas finalmente logró la impresionante hazaña de derrotar al Padre José en una partida.

Durante las vacaciones escolares, el Padre José solía llevarnos a clases de natación en un hermoso lugar de un distinguido distrito de Lima. El dueño del lugar era un amigo cercano suyo y generosamente nos brindaba clases gratuitas por las mañanas. Además de nosotras, también había niños externos que participaban con entusiasmo de esta actividad.

ENCUENTRO CON DOS SANTOS

En 1985, el pueblo peruano se preparaba con gran expectación para recibir al Papa Juan Pablo II en su visita inaugural al país. El aire estaba cargado de emoción mientras el Padre José y la comunidad religiosa, junto con los residentes locales, esperaban con ansias el momento histórico. La llegada del Papa fue planeada meticulosamente con un lugar de aterrizaje cuidadosamente elegido en el grupo aéreo Callao, asegurando la máxima privacidad y seguridad para el estimado invitado. El Padre José y el clero rebosantes de emoción, se encontraban muy cerca del área de aterrizaje listos para recibir al venerado Pontífice.

A medida que se desarrollaba la visita del Papa, al Padre José y a la comunidad religiosa se les concedió acceso exclusivo para recibir al Pontífice, lo que les permitió presenciar de primera mano el profundo impacto de tan esperada visita. La proximidad al

Papa permitió que lo sigamos en sus recorridos por la ciudad, fue una experiencia profundamente impactante, que dejó una impresión indeleble en todos los presentes. El júbilo del Padre José era evidente mientras se aseguraba de que experimentemos la oportunidad de estar cerca del Papa, asegurando que este encuentro histórico sería recordado en los años venideros.

Otro maravilloso encuentro fue con La Madre Teresa de Calcuta, ahora venerada como una Santa quien honró al Perú con su presencia en más de una ocasión. El Padre Frisancho, conocido por su inquebrantable dedicación a ayudar a los empobrecidos, tuvo el honor de acompañarla personalmente durante sus visitas. Como su guía de confianza, la condujo por Lima, asegurándose de que tuviera la oportunidad de sumergirse en las diversas iniciativas caritativas destinadas a ayudar a los desfavorecidos. Esta experiencia íntima le permitió a la Madre Teresa conectarse profundamente con la comunidad local y ofrecer su compasión y apoyo donde más se necesitaba.

La Madre Teresa visitó el Hogar con la intención de conocer a los niños bajo el cuidado del Padre José y obtener una visión de primera mano de las notables iniciativas sociales lideradas por este Sacerdote. Cuando la Madre Teresa llegó a nuestro lugar, fue recibida por una multitud de periodistas que siguieron ansiosamente cada uno de sus pasos. Los niños la rodeaban llenos de curiosidad y entusiasmo, acribillándole a preguntas. La Madre Teresa nos miraba a todos con un amor y una compasión sin límites. La Madre Teresa pasó mucho tiempo con el Padre José y le confió una gran cantidad de tareas, proporcionándole una extensa lista de personas por las que el Padre debía interceder y celebrar misas. Fueron momentos verdaderamente extraordinarios que quedarán grabados para siempre en nuestra memoria.

CAPÍTULO 8
SEGUNDA FAMILIA

Durante nuestra infancia, el Padre José no era el único responsable de nuestra crianza. Además de su orientación, había mujeres jóvenes que lo ayudaban a cuidarnos. Este apoyo comenzó con las niñas mayores de nuestro hogar, que al crecer colaboraban con esta importante tarea. El Padre José siempre enfatizó la importancia de respetar a nuestros mayores y nos asignó responsabilidades según nuestra edad. Por lo general, las niñas mayores eran responsables de cuidar a las más pequeñas. A cada hermana mayor se le asignó la tarea de cuidar a una hermana menor. Esto incluía bañar a la hermana menor, cambiarle de ropa, asegurarse de que luciera presentable y ordenada, asignarle tareas y brindar orientación y corrección cuando fuera necesario. Fue una manera de que aprendiéramos a ser responsables y a cuidarnos unos a otros dentro de la familia.

Las niñas mayores, tenían más responsabilidad y

sirvieron como representantes de confianza del Padre en su ausencia. Dos hermanas en particular, a quienes el Padre José había criado desde que tenían 6 o 7 años, demostraron una notable madurez y confiabilidad en sus funciones. Su autoridad era palpable y eran profundamente respetadas por las niñas más pequeñas. En ausencia de adultos, sus palabras tenían un peso considerable y sus consejos se seguían sin cuestionamientos. Si bien su autoridad y respeto eran evidentes, es importante señalar que también enfrentaban un cierto grado de discriminación. Su presencia naturalmente desalentaba la mala conducta, ya que nadie se atrevía a cometerla en su presencia. Esta posición única significaba que eran algo aisladas por las demás niñas.

ENTRE LOS ADULTOS EN NUESTRAS VIDAS, HUBO FIGURAS maternales que jugaron un papel crucial participando de nuestro cuidado, entre ellas Lucy que no solo era la mano derecha del Padre, ayudándolo con todos los asuntos de la oficina, ella también estaba profundamente involucrada en nuestra vida cotidiana familiar. A pedido del sacerdote, Lucy reconoció la necesidad de una figura mayor que apoyara al Padre con los niñas internas y que fuera una presencia a tiempo completo para nosotras. Su ayuda y colaboración fue un testimonio de su nobleza y apoyo desinteresado a la obra social del Padre José, dedicando los mejores años de su vida a apoyarlo en nuestro cuidado. Además de Lucy, nuestro equipo incluía a Miss

Haydee, la mujer de buen corazón que amablemente me acompañó al Hogar desde el hospital. Ella colaboraba con la gestión de todas las tareas relacionadas con la oficina y la supervisión de varios aspectos de nuestra vida diaria, como los preparativos escolares, las citas médicas y la adquisición de los suministros necesarios. Haydeé llegó al Hogar a una edad temprana en busca de empleo y fue recibida calurosamente por el Padre José, quien era conocido por su disposición a ayudar a cualquier persona que lo necesitara. Haydée cumplió con sus deberes diligentemente cuidando de nosotras y tratándonos como si fuéramos sus propias hijas. Hubo ocasiones en las que se quedaba con nosotras para brindarnos apoyo cuando fuera necesario, lo que consolidó aún más su papel como una presencia importante y maternal en nuestras vidas.

FAMILIARES DEL PADRE

EL PADRE JOSÉ RECIBIÓ UN VALIOSO APOYO DE ALGUNOS de sus familiares que participaron activamente en su labor. Uno de ellos fue la señora Thessalia, que resultó ser su prima. La señora Thessalia desempeñó un papel importante al gestionar la distribución de donaciones y alimentos básicos para el hogar. Era conocida por su elegancia natural, que no se limitaba a su atuendo, sino que también se reflejaba en su porte. A pesar de su afición por fumar y su voz ronca, exudaba un carácter jovial y afable. La señora Thessalia residió gentilmente con nosotras durante un corto período, contribuyendo a nuestra educación y al cuidado de otros niños. Era una dama con cualidades notables que incluían una inmensa compasión y una paciencia inquebrantable.

El Padre también tenía un sobrino, Rolando, que trabajaba junto a él en la oficina. Desde nuestra perspectiva, Rolando era de estatura mediana, con una barba bien cuidada y ojos grandes, redondos y expresivos. Desprendía un aire de autoridad y tenía una risa única y cordial que resonaba en toda la oficina. Rolando no solo prestó una valiosa ayuda al Padre en asuntos de la oficina, el también colaboraba en diversas otras tareas. La profunda admiración por su tío el Padre José, era evidente en su inquebrantable dedicación, lealtad y apoyo.

EL PAPÁ DEL PADRE JOSÉ HABÍA FALLECIDO, DEJANDO viuda a su madre, la señora Juanita Pinelo. La señora Juanita hacía visitas ocasionales al Hogar para ver a su hijo, y cada visita era un evento significativo. La anticipación de su llegada siempre creaba un zumbido de energía nerviosa entre los que estaban en la residencia. El día en que el Padre José anunciaba la inminente visita de su madre, todos se ponían a trabajar a toda máquina para asegurarse de que todo estuviera extremadamente inmaculado, desde la limpieza y el orden del entorno hasta el aseo y la vestimenta de todos los presentes con especial atención a la apariencia del Padre José.

Antes de su llegada, teníamos que asegurarnos de que la sotana del Padre José estuviera impecable. Esta tarea fue particularmente desafiante porque el Padre José siempre estaba rodeado por el polvo de los terrenos que visitaba, los papeles, las donaciones y los niños que buscaban constantemente abrazarlo con las manitas sucias. La mamá del Padre, conocida por su naturaleza meticulosa, tenía la costumbre de pasar el dedo por los lugares inesperados de la casa, asegurándose de que todo estuviera en orden. Sin que ella lo supiera, su presencia evocaba una sensación de temor, ya que no queríamos decepcionarla. Ella estaba profundamente interesada en el bienestar de su hijo y siempre quería asegurarse de que estuviera bien cuidado. No soportaba ver las sandalias polvorientas de su hijo ya que para ella simbolizaban abandono. La señora Juanita, una mujer de gusto y estilo impecables, tenía a su hijo en la más alta estima, considerándolo la alegría de su vida. Siempre lo trataba con el máximo respeto, dándole su lugar no solo como hijo querido pero también como representante de Dios. En ocasiones, la madre del Padre José se unía a nosotros para las comidas, las cuales eran servidas en el comedor del segundo piso, el mismo salón donde cenaba la junta directiva. Los platos eran los mismos que los reservados para los invitados más distinguidos. En su presencia, hacíamos todo lo posible por comportarnos con el máximo decoro, comiendo en silencio para no avergonzar al Padre José. La señora Juanita era de ascendencia judía y tenía una caligrafía inusualmente perfecta y elegante que parecía una obra de arte. Sus letras estaban minuciosamente elaboradas, casi como un dibujo o un adorno. Nunca he visto tanta belleza y perfección en la caligrafía de alguien y estoy segura de que nunca encontraré nada similar. No exagero cuando digo que su letra era verdaderamente extraordinaria.

PERSONAL DE OFICINA

El personal de la oficina siempre estuvo presente en nuestras vidas, ya que nuestro hogar también funcionaba como oficina durante el día. Con frecuencia buscábamos ayuda con nuestras tareas en una variedad de profesionales, incluidos ingenieros, arquitectos y empleados de oficina. Su disposición a dedicar pacientemente su tiempo para ayudarnos fue invaluable y muy apreciada. Como olvidar al recordado Ingeniero Gálvez, quien se hacía cargo de los asuntos en ausencia del Padre José. El ingeniero siempre estaba atento a nuestras actividades escolares y abordó personalmente cualquier desafío que surgiera dentro de la escuela. El Padre José tenía una inmensa confianza en él y un gran respeto.

Otro recordado es el Ingeniero Saba quien siempre se comprometió a fomentar un sentido de amor y pertenencia entre nosotros. Tenía un comportamiento alegre y divertido que lo hizo muy querido por todos. El Ingeniero Aguirre, era el hijo de la Sra. Thessalia prima del Padre, Poseedor de una disposición amable a menudo nos brindaba ayuda cuando enfermábamos. Muchos otros profesionales no se limitaban a sus deberes regulares contribuyendo de todo corazón al trabajo del Padre José. Juntos crearon un ambiente parecido al de una familia grande y servicial.

AMIGOS DE POR VIDA

A MEDIDA QUE CRECIMOS JUNTAS EN EL HOGAR, formamos fuertes conexiones con las niñas que tenían edades similares a las nuestras. Nuestras experiencias compartidas desde la infancia hasta la adolescencia, tanto los desafíos que enfrentamos personalmente como las presiones externas que encontramos, nos unieron aún más. Estas experiencias nos ayudaron a formar vínculos inquebrantables que han perdurado a través de los años. Algunas niñas pasaban todo el día con nosotros en el hogar participando en nuestras actividades y formando un vínculo estrecho con el Padre José y su personal. Estas niñas, a veces se quedaban a pasar la noche o incluso varios meses con el permiso de sus padres. Siempre nos asegurábamos de que hubiera suficiente espacio para todos. Estos niños provenían de familias donde sus madres trabajaban muchas horas y solo venían a recogerlos después de terminar su jornada laboral.

Recuerdo vívidamente al pequeño Ricky. Un niño de cabello rubio oscuro y sonrisa traviesa que podía iluminar cualquier habitación. No era solo un compañero de juegos pero también mi cómplice de fechorías, siempre listo para embarcarse en aventuras conmigo. Nuestro interés compartido por la exploración, la curiosidad y la imaginación nos unía y a menudo no necesitábamos palabras para entendernos, bastaba una mirada para saber lo que queríamos. Con Ricky también nos peleábamos duro a patadas y puñetes pero después nos buscábamos para reanudar nuestras aventuras. A mi parecer, nadie era más divertido que él y admiraba mucho la imaginación que tenía. Él era mi versión masculina, mi alma gemela, nuestro hermano pequeño, trayendo alegría y emoción a nuestras vidas.

Otro recordado hermano era Iván el hijo de Rolando, quien era sobrino del Padre José. Iván era un joven excepcionalmente brillante e inteligente que admiraba profundamente a su padre y hacía todo lo posible por complacerlo e imitarlo. Siempre estaba dispuesto a ayudar y se esforzaba por cumplir cada tarea lo mejor que podía, era un muchacho súper servicial. Tanto Iván como su padre estuvieron al lado del Padre José durante sus últimos días, brindándole apoyo y cuidado.

∼

CAPÍTULO 9
LO MALO Y LO FEO

A pesar de estar rodeados de personas de buen corazón y buenas intenciones, también tuvimos encuentros desafortunados con individuos que no solo atacaban al Padre José pero también a nosotras. Hubo un número significativo de personas que se sintieron insatisfechas debido a su inelegibilidad para la asistencia de viviendas de interés social. Esto podría atribuirse a varios factores como la propiedad preexistente, la falta de necesidad financiera o estar en una situación comparativamente mejor que otros en la comunidad. Además, hubo personas que enfrentaron demoras prolongadas para recibir sus casas debido a complicaciones con las entidades bancarias. El Padre José encontró obstáculos persistentes para obtener los recursos necesarios y las aprobaciones del proyecto, lo que finalmente impidió la entrega a tiempo de las unidades de vivienda. Cabe destacar que entidades influyentes como grandes corporaciones y el alcalde de San Miguel de ese entonces, se opusieron activamente a la iniciativa social del Padre, no queriendo conceder terrenos valiosos a un costo reducido para beneficiar a los más desfavorecidos. Esta oposición se fusionó en una fuerza formidable contra el Padre Frisancho, atrayendo a individuos desencantados y desagradecidos que culpaban personalmente al Padre y a su obra como si éste tuviera control absoluto de todo. Trágicamente, estos sentimientos y ataques se extendieron a los niños que lo rodeaban, afectando particularmente a las niñas que tenía a su cargo personal.

Cuántas veces caminamos con el Padre Frisancho a la misa diaria mientras estos individuos nos gritaban: "recojidas!" "viven de la basura!" Las mismas personas a quienes el Padre Frisancho había apoyado junto con sus familias enteras, aquellas que sin el Padre Frisancho nunca habrían podido lograr el sueño de la casa propia. Nosotras nos abstuvimos de tomar represalias ante los insultos porque éramos solo niñas y no podíamos entender porque estas personas nos odiaban tanto. El Padre José nos había prohibido explícitamente responder a los insultos. Sin embargo, hubo momentos en que una de las niñas mayores encontró difícil reprimir sus emociones y gritó con enojo: "y uds que hablan si vienen al hogar a tragar nuestra basura!" uy Milagros tuvo una buena resondrada ese día. Esta violación de las indicaciones del Padre José generó una sensación de tranquilidad dentro de nosotras, sabiendo que alguien había salido a defendernos.

. . .

RUMORES

A MEDIDA QUE EL TIEMPO PASABA Y NOS CONVERTÍAMOS en jovencitas, los rumores y las intrigas en torno al Padre José también fueron evolucionando. Antes el Padre estaba en compañía de niñas de 6 a 13 años, ahora se encontraba rodeado de jovencitas de 15 años o más. Las personas descontentas de nuestro barrio que fueron testigos de nuestro crecimiento y crianza ahora estaban difundiendo rumores maliciosos sobre nuestro Padre y sobre nosotras ya que se habían convertido en sus adversarios.

Los incidentes de insultos como "ratero" "putas" "mañoso", se estaban volviendo cada vez más comunes y los perpetraban las mismas personas a las que el Padre José había expulsado anteriormente de la fundación debido a su historial de robo, deshonestidad y falta de respeto. El Padre José siempre se comportó con una dignidad tranquila, optando por agachar la cabeza y permanecer en silencio ante los insultos. Mientras algunas de nosotras tratábamos de defenderlo sin que él se diera cuenta expresándo sutilmente nuestro rechazo escupiendo al suelo o incluso tirando piedras a quienes se atrevían a insultarlo, todo esto a espaldas del Padre.

Culpables de qué?

Algunas personas se expresaban negativamente de nosotras y decían que éramos unas desagradecidas. En toda honestidad, es cierto que nosotras colaboramos al estrés que el Padre afrontaba ya que a medida que crecíamos los problemas típicos y tribulaciones de la adolescencia se hacían evidentes.

Es posible que en ese momento no comprendíamos plenamente el verdadero valor de lo que generosamente se nos daba, como lo habríamos apreciado ahora, armados con la sabiduría que viene con los años. Sin embargo, es importante recordar que éramos niñas y jóvenes sin experiencia en ese entonces. A muchas de nosotras nos costaba comprender porque nos separaron de nuestras madres y nos colocaron en ese entorno particular.

Estas personas no podían entender porque el Padre nos había dado una vida que consideraban falsa y que no se ajustaba a nuestra verdadera condicion económica. Insistían en la idea de que vivir una vida de comodidades simplemente no reflejaba nuestra realidad. Su firme creencia se centraba en la noción de que nuestros orígenes pobres no nos daban el derecho a una vida más digna. Argumentaban con firmeza que nuestra verdadera realidad era la de la pobreza, sugiriendo que no éramos inherentemente aptos para una vida mejor. Además, expresaban la opinión de que una vez que el Padre falleciera nos veríamos obligadas a volver a nuestra miseria que ellos creían que era nuestro legítimo lugar. Si bien ellos mantenían una fachada de cordialidad y amabilidad en presencia del Padre, cuando éste volteaba sus miradas frías y acusadoras los delataban. Para ellos el haber nacido en la pobreza nos descalificaba para buscar una vida mejor. Lo más impactante fue que estas personas parecían haber olvidado convenientemente sus propios orígenes modestos.

TRAICIONES

EL PADRE JOSÉ TRABAJÓ EN ESTRECHA COLABORACIÓN con un grupo de personas en las que confiaba, algunas de las cuales lamentablemente lo defraudaron. En concreto, hubo casos en los que ciertas personas recaudaban donaciones para el trabajo de la fundación, pero no asignaban los fondos como estaba previsto. En cambio, se quedaban con una parte importante de las donaciones para su beneficio personal vendiéndolas a su conveniencia. También hubo casos en los que estas personas, incluso después de haber sido despedidas de sus funciones, seguían solicitando donaciones a nombre de la Fundación, lo que provocó más complicaciones y una mala gestión de los fondos. El Padre José hizo todo lo posible por apoyarlos cuidando a sus hijos, cubriendo sus necesidades básicas, ofreciéndoles empleo y brindándoles su atención y asistencia inquebrantables sin embargo, en lugar de mostrar gratitud estas personas decidieron traicionar a la misma persona que los había ayudado desinteresadamente, mordiendo la mano que les dio de comer. Numerosas personas a través de los años mostraron un comportamiento deshonesto al tomar más de lo que les correspondía o al hurtar artículos de la organización. Sorprendentemente, uno de los conductores llegó al extremo de robar una camióneta recién adquirida destinada a la obra del Padre José, junto con una importante suma de dinero.

CAPÍTULO 10
LA VIDA SIGUE

El Padre Frisancho persistió valientemente en avanzar su obra con mucha dificultad, superando obstáculos y enfrentando la deshonestidad de individuos engañosos que traicionaron su confianza. A pesar de estos desafíos, encontró consuelo en su inquebrantable dedicación a brindar ayuda a los demás, encarnando un espíritu de caridad y resiliencia.

EL RELOJITO

Había un hombre peculiar que solía vagar por las calles de San Miguel. Tenía un llamativo cabello blanco y una barba larga, era evidente que luchaba con problemas de salud mental. A pesar de su apariencia harapienta, los lugareños se referían a él cariñosamente como "el relojito" debido a su notable capacidad para decir la hora con precisión con solo observar la posición del sol o el Cielo. Su asombrosa precisión para decir la hora sin ningún dispositivo para medir el tiempo era realmente notable. El Padre Frisancho hizo varios intentos de vestir al hombre con ropa decente y proporcionarle comida, pero parecía tener preferencia por vagar por las calles después de aceptar ayuda. Un día, se hizo evidente que el pobre hombre cojeaba lo que indicaba una posible infección en la pierna. Preocupado por su bienestar el Padre José hizo que lo escoltaran cuidadosamente desde la calle y lo sentaran en el patio del hogar donde colocaron una tina a sus pies, para aplicarle un líquido limpiador lo que reveló la presencia de gusanos que salían de las piernas del pobre hombre. Luego lo bañaron, le dieron ropa limpia y le ofrecieron una comida nutritiva. A pesar de estos actos de bondad, el hombre conocido como "relojito", finalmente regresó a las calles y desapareció en la distancia, como lo había hecho en numerosas ocasiones.

Mascotas

El Padre José disfrutaba mucho de la compañía de sus animales y tenía un cariño especial por los pájaros. Tenía una hermosa colección de periquitos australianos que volaban con gracia por la sala principal. El Padre josé creía en darles la libertad de volar y nunca les cortaba las alas, lo que les permitía expresar su comportamiento natural de la manera más auténtica. En su oficina, el Padre José tenía un periquito verde vibrante que tenía la traviesa costumbre de mordisquear a ciertos visitantes, lo que agregaba un elemento inesperado de sorpresa a sus interacciones. Junto al periquito, una pareja de canarios impresionantes llenaban el aire con sus melodiosos cantos creando un ambiente relajante que persistía durante todo el día.

A la entrada de el hogar, había una piscina simple mediana repleta de vibrantes peces Koi. El Padre disfrutaba mucho dándoles de comer y viéndolos deslizarse con gracia por el agua. Sin embargo, un día trágico, una persona maliciosa vertió detergente en la piscina, lo que resultó en la devastadora pérdida de todos los preciados peces. Además de sus amados peces Koi, el Padre José también adoraba a sus fieles compañeros caninos. Tenía tres majestuosos pastores alemanes y un noble dóberman, a los que dejaba vagar libremente por el amplio patio al final del día cuando la oficina cerraba. Cada perro tenía su propia personalidad única, y el Padre José apreciaba el tiempo que pasaba con ellos, encontrando consuelo y alegría en su fiel compañía. A veces solía sentarse dentro de la jaula para pasar tiempo con ellos y acariciarlos.

CAPÍTULO 11
ENFERMEDAD

El Padre José expresaba su deseo de morir de cáncer cuando llegara su momento, ya que creía que una enfermedad prolongada podría darle una oportunidad para ofrecer su sufrimiento por la salvación de las almas. Su deseo fue finalmente escuchado por Dios.

Durante los últimos años de la vida del Padre José, tuve el privilegio de acompañarlo en sus diligencias diarias. En ese momento, muchas de nosotras èramos casi señoritas. El Padre José, quien siempre había sido un pilar de fortaleza, comenzó a mostrar signos de fatiga y un notable deterioro en su salud. A pesar de su dedicación a mantener un estilo de vida saludable y tomar vitaminas regularmente, su condición continuó empeorando. Como era familiar con el campo de la medicina, el Padre José intentaba medicarse a sí mismo, pero lamentablemente sus esfuerzos fueron en vano. A menudo nos contaba sus molestias, pero las exigencias de su apretada agenda le impedían buscar la atención médica adecuada.

Una tarde, el Padre José llevó a una de las niñas más pequeñas al radiólogo que resultó ser su primo para tratarlas de problemas de tuberculosis. Durante la visita, el radiólogo observó el rostro pálido del Padre José y notó que había perdido peso. Preocupado por estos síntomas, el primo sugirió que el Padre José se hiciera unas radiografías. Al principio, el Padre José dudó, pero finalmente aceptó y las radiografías revelaron algunas manchas preocupantes en sus pulmones. Sospechando la posibilidad de cáncer, el radiólogo recomendó que se le hiciera más pruebas para confirmar el diagnóstico. El Padre José así lo hizo y llegó el día de recoger los resultados finales. Era tarde, alrededor de las 6 o 7, el Padre José había estado haciendo diligencias todo el día. Yo era la única que lo acompañaba en ese momento. Era una noche muy fría, con un viento cortante que parecía atravesarme. La expresión del Padre José estaba marcada por la preocupación y la profunda reflexión mientras manejaba al centro médico. Al llegar al lugar, el Padre bajó del auto y me pidió esperar ahí. Los minutos se convirtieron en lo que parecía una eternidad antes de que finalmente lo viera salir del edificio con su sotana negra ondeando al viento. Cuando se acomodó en el asiento del conductor, su presencia generalmente pasiva y reconfortante fue reemplazada por un silencio profundo. No podía quitarme la sensación de inquietud al no conocer los detalles de su estado de salud. Yo había asumido que se trataba de una visita rutinaria al médico, pero la gravedad de la situación se hizo evidente por la solemnidad en el comportamiento del sacerdote. Nos sentamos en silencio durante lo que me pareció un período interminable de tiempo, con el Padre José mirando fijamente hacia adelante perdido en sus pensamientos. Podrían haber pasado 15 minutos o media hora antes de que finalmente pusiera en marcha el coche y emprendiéramos nuestro viaje de regreso a casa.

La salud del Padre José se deterioraba a un ritmo rápido. A pesar de tomar numerosos medicamentos, seguía perdiendo peso y debilitándose. Su condición debilitante no le impidió que se mantuviera dedicado a su trabajo durante todo el tiempo que pudo. La noticia de su cáncer no se anunció formalmente, solo se reveló gradualmente con el tiempo.

El Padre José decidió hacerse una cirujía relacionada a sus pulmones. Ese fatídico día, la madre del Padre José también había sido internada de emergencia en la misma clínica. Trágicamente, la madre del Padre falleció el mismo día de la cirugía de su hijo. Cuando el Padre recuperó la conciencia después de la operación, preguntó por el estado de su madre. Su doctor había prohibido a los familiares revelar la muerte de su madre ya que se temía que esta noticia afectara a la recuperación del sacerdote. Con estas indicaciones se le dijo al Padre que su madre estaba bien y recuperándose en la otra habitación. Sorprendentemente, el Padre José dijo saber que su madre había fallecido porque ella lo había estado acompañando cuando lo trajeron de la cirujía. Esta pérdida fue particularmente profunda para el Padre ya que compartía un vínculo excepcionalmente estrecho con su progenitora.

VUELVEN LOS PERROS A LADRAR

DESPUÉS DE SU REGRESO DEL HOSPITAL, EL PADRE JOSÉ se encontró frente al desafío de no poder caminar y tener que depender de una silla de ruedas para moverse. La dificultad se vio agravada por el hecho de que residía en un lugar con escaleras que conducían al segundo piso, lo que lo hacía inaccesible. Fue en ese momento que tomó la decisión de mudarse a la casa de su madre, una morada serena y amplia que contaba con dormitorios en el primer piso, lo que le proporcionaba la accesibilidad y la tranquilidad que necesitaba. Mientras el Padre José salía lentamente del Hogar en su silla de ruedas acompañado de su sobrino y algunas niñas, los rostros familiares del vecindario se volvieron hostiles. Aquellos que alguna vez se habían beneficiado de su incansable ayuda ahora lo insultaban, con palabras llenas de resentimiento y odio. "¡Bien hecho!" gritó alguien con la voz cargada de venganza. "Eso le pasa por ratero" agregó otro, estas palabras destilaban malicia mientras resonaban en la calle. La atmósfera se parecía a la escena de Jesús caminando hacia el calvario mientras era insultado por las personas a las que alguna vez ayudó. El peso de la traición se sentía en el aire. El sobrino del Padre José, Rolando, condujo la silla de ruedas a través de las miradas de la gente y con el rostro desencajado por la ira defendía ferozmente a su tío, sus ojos brillaban con una mezcla de indignación y fustración. A pesar de las palabras hirientes, el Padre José mantuvo la calma con la cabeza inclinada en silenciosa resignación. Con delicadeza, instó a Rolando a que no respondiera al venenoso intercambio. El Padre José se aferraba a su fe y dignidad en medio de la tormenta de hostilidad.

ÚLTIMOS MESES

Algunas de nosotras acompañamos al Padre José a la casa de su madre, situada en una urbanización tranquila. Nuestra intención era brindarle asistencia y apoyo en su recuperación. Mientras tanto, las demás niñas se quedaron en el Hogar participando en sus actividades cotidianas. Las chicas mayores ya tenían trabajo, mientras que otras se habían casado y visitaban con frecuencia al Padre José en su residencia. La casa de la infancia del Padre José estaba situada en un barrio exclusivo y exudaba un aire de paz. La casa espaciosa y bellamente adornada tenía un dormitorio sencillo pero reconfortante para él en el primer piso, con una cama resistente, una mesa simple y una silla colocada junto a la pared, la habitación ofrecía una sensación de seguridad y consuelo.

A pesar de los esfuerzos de la familia por garantizar su comodidad, la insidiosa propagación del cáncer había pasado factura. El sacerdote, antes vibrante ahora tenía que lidiar con un dolor intenso e implacable a medida que la enfermedad se infiltraba. Su cuerpo, que antes era fuerte, ahora soportaba el peso de un malestar agonizante, particularmente en sus huesos, que lo dejaba sin dormir en muchas noches angustiosas.

El Padre José hizo un esfuerzo consciente para evitar depender de los analgésicos debido a las angustiosas alucinaciones que a menudo inducían. Sin embargo, el dolor se volvió insoportable, forzándose a tomar las pastillas a regañadientes. El Padre José generalmente optó por soportar el dolor estoicamente, pero en algunos casos la intensidad del sufrimiento era demasiado. La tarea de ayudarlo a usar el baño, asistirlo con su higiene y atender sus otras necesidades médicas personales la llevó a cabo su devota secretaria Lucy, quien fué su hija fiel y confidente más cercana mantuviéndose firmemente leal a él hasta el final, haciendo todo lo posible para brindarle el cuidado y la asistencia que necesitaba.

Un día memorable, el Padre José convocó a todas sus hijas desde la más pequeña hasta la mayor, así como a algunas niñas externas. De manera individual, nos invitó a cada uno a su habitación y humildemente nos pidió perdón. Expresó su pesar por no haber sido un mejor Padre y por cualquier situación en la que nos hubiera dado un mal ejemplo o haber causado ofensas. Esta conversación inesperada y profundamente personal dejó una impresión duradera en todos nosotros.

Poco después, llegó el día en que el Padre fue llevado de urgencia a la clínica por graves problemas respiratorios. Durante su inesperada estancia en la clínica, el Padre recurrió a transmitir sus pensamientos y mensajes escribiéndolos minuciosamente en un papel cuando hablar se convirtió en una tarea ardua. A medida que pasaban los días, su caligrafía antes firme comenzó a fallar lo que reflejaba el desgaste físico que su enfermedad estaba causando. A pesar de su condición debilitada, el Padre José reunió toda su determinación para transcribir meticulosamente sus pensamientos finales e impartir sus últimas enseñanzas, vertiendo su menguante fuerza en cada palabra escrita hasta el final.

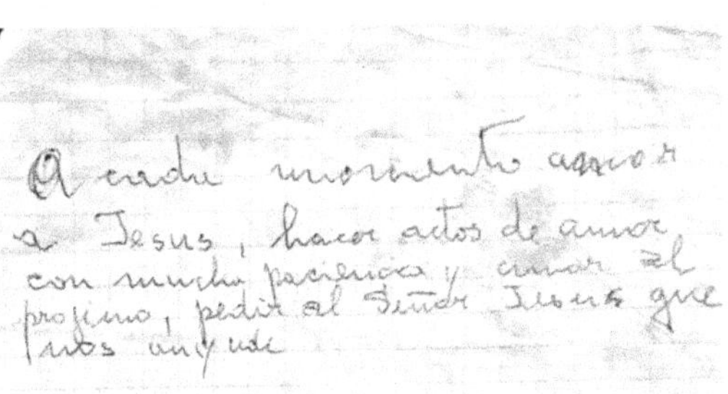

VUELA ALTO

El 1 de agosto de 1989, el Padre José Frisancho Pinelo falleció en la Clínica Stella Maris, dejando un profundo impacto en quienes lo conocieron. Presente en su hora final lo acompañaba el maestro Luis Reyes Acuña, quien trabajó con el Padre por muchos años siendo testigo de esta vida maravillosa que ahora se apagaba. La noticia de su muerte nos llegó mientras estábamos reunidos en la casa de su madre, envolviendo la sala en una sensación de incredulidad y dolor. Aunque sabíamos que su salud se estaba deteriorando, la realidad de su muerte era difícil de comprender.

Recuerdo el momento en que su ataúd fue llevado a la casa de su madre para un breve velorio. El ambiente estaba cargado de dolor mientras amigos, conocidos y familiares se reunían alrededor para presentar sus respetos. En medio de las lágrimas y el silencio sombrío, alguien tomó con ternura un mechón de cabello del Padre, tal vez buscando consuelo en un recuerdo tangible de su presencia. Más tarde ese día, su cuerpo fue transportado a la Iglesia de San Miguel para el servicio fúnebre, donde la comunidad se reunió para honrar su memoria.

LA COBERTURA MEDIÁTICA DEL FALLECIMIENTO DEL Padre Frisancho fue amplia, y los periodistas y el personal de noticias capturaron el duelo colectivo en los periódicos y noticieros locales, subrayando el profundo impacto de su vida y obra.

CAPÍTULO 12
DESPUÉS DE LA TORMENTA

Tras el fallecimiento del Padre José, se produjeron numerosos cambios. Sus queridos pájaros fueron soltados a la calle casi inmediátamente y también botaron a la calle a sus perros ya ancianos, Tina, Pinocho y otro pastor alemán, dejándolos abandonados a su suerte. No se sabe con certeza que fue de ellos

Las niñas más pequeñas que se alojaban en el internado fueron atendidas temporalmente por las monjas en el área designada específicamente para la nueva escuela local. Aparentemente, la atención que recibieron fue marcadamente diferente a la que estaban acostumbradas y finalmente se les envió de regreso con sus respectivas familias. De manera similar, las chicas mayores internas regresaron a sus casas sin ninguna de sus pertenencias personales, salvo algunas prendas de vestir. La organización hizo esfuerzos para continuar con las iniciativas del Padre

José, pero todo parecía haber cambiado y no necesariamente de mejor manera.

Rumores indican que la escuelita antes gratuita, es ahora particular. El nivel de apoyo proporcionado parece haberse reducido significativamente en comparación con lo que solía ser. Por otro lado, hay que entender que en nuestra época actual, se ha hecho cada vez más evidente que las normas y expectativas sociales han cambiado significativamente. Parece que ofrecer asistencia y apoyo 100% gratuito puede plantear ahora mayores desafíos que en el pasado. Vale la pena considerar la dinámica cambiante y las complejidades de la vida contemporánea. De ser así, ¿Quiénes somos nosotros en este mundo que cambia rápidamente para afirmar nuestros juicios personales y opiniones? Solo nos queda desear que esta obra importante, este legado que dejó nuestro Padre Frisancho continúe impactando nuestra sociedad y de no ser así, que se haga la voluntad de Dios ya que nada pasa sin su consentimiento.

MIRANDO AL FUTURO

GRACIAS AL PADRE FRISANCHO PUDIMOS TENER UNA vida familiar estable y poseer todo lo que necesitábamos, pero un día lo perdimos todo. Contra toda predicción y gracias a la educación digna y afectuosa que nos brindó nuestro Padre José, pudimos cambiar nuestra situación. Todas y cada una de nosotras hemos emprendido un viaje único para descubrir nuestro propósito en la vida. Algunas hemos seguido carreras profesionales, mientras que otras han optado por residir en diferentes países. Nuestros caminos han llevado a algunas a un gran éxito y a otras a enfrentar desafíos pero a pesar de todo llevamos la marca indeleble de la firma de nuestro Padre en nuestras vidas.

Hemos heredado el legado del Padre Frisancho, cada una a su manera. Para algunas, su influencia se manifiesta como una profunda pasión por la música clásica, que llena nuestros corazones con las melodías atemporales que adoraba. Otras muestran su brillantéz estratégica a través de una gran aptitud para el ajedrez, que refleja la naturaleza reflexiva que ejemplificó. Hay quienes entre nosotros encuentran alegría y compañía en el cuidado de pájaros domésticos, cuyos vibrantes cantos nos recuerdan a él. Algunas encontramos consuelo y fortaleza en la suave recitación del Santo Rosario y la práctica de nuestra fe Católica, también en imitación al Padre Frisancho y dentro de nuestras posibilidades aportamos a nuestra comunidad de diversas maneras haciendo obras sociales. En cada una de nosotras, percibo vívidos ecos del carácter del Padre Frisancho, su sentido del humor, su enfoque resiliente ante los desafíos de la vida, sus preferencias distintivas y sus gestos únicos que continúan inspirándonos a todos.

Cada cierto tiempo mis hermanas y yo nos reunimos para atesorar los recuerdos compartidos de nuestra infancia y de nuestro amado Padre. Reflexionamos con gran gratitud sobre la profunda influencia que dejó este sacerdote de gran cultura, bondad y generosidad y tuvimos el honor y privilegio de ser criadas por un escogido de Dios. A pesar de los desafíos que enfrentamos, el Padre José nos inculcó con vehemencia que podíamos forjar y cambiar nuestro propio destino y nos proporcionó las herramientas para hacerlo. El legado perdurable del Padre Frisancho sigue vivo, transformando el futuro incierto de muchas personas. Su impacto, tanto físico como espiritual, sigue resonando a través de generaciones, dando forma a las vidas de innumerables personas en los años venideros.

A MENUDO ME ENCUENTRO REFLEXIONANDO SOBRE MIS experiencias pasadas y comparándolas con mis circunstancias actuales. Cuando lo hago, me invade un profundo sentimiento de gratitud y me siento increíblemente bendecida. Creo que mi vida habría tomado un rumbo mucho más desafiante y amargo si no fuera por la presencia del Padre Frisancho. En el mundo de hoy, con el uso generalizado de las redes sociales, me he encontrado con numerosas personas que como el Padre José, se esfuerzan por tener un impacto positivo en el mundo. Es posible que se enfrenten a dificultades y obstáculos similares a los que enfrentó una vez nuestro amado sacerdote. A todos los Padres Frisanchos del mundo, quiero alentarlos a persistir en esta hermosa labor de amor.

Incluso si a veces sienten que sus esfuerzos son inútiles, les aseguro que no lo son. Su legado dejará un impacto duradero en las generaciones futuras, y las semillas de amor que siembren sin duda darán frutos tarde o temprano, enriqueciendo la vida de muchos.

Padre Frisancho, gracias por su inquebrantable apoyo y guía. Eres nuestro Padre por ser sacerdote del Dios Altísimo y guía espiritual. Eres nuestra Luna porque nos brindaste la presencia reconfortante y protectora de una figura materna, como el suave resplandor de la luna. Eres nuestro Sol porque también encarnaste fuerza, calidez y protección como padre adoptivo. Tu papel multifacético en nuestras vidas han tenido un profundo impacto y por ello, estaremos por siempre agradecidas.

NOTAS

ACERCA DEL AUTOR

JZ Maille es una escritora católica cuyo corazón late con una pasión ferviente por contar historias. Desde temprana edad, abrazó el mundo de la literatura, sumergiéndose en historias cautivadoras de la librería de su sala de estar. Este amor temprano por la lectura eventualmente preparó el camino para una revelación notable: su talento oculto para escribir, el cual descubrió muchos años después.

Como estudiante apasionada con el crecimiento personal y profesional, JZ Maille ha cultivado una variedad de habilidades académicas que no solo inspiran su escritura, sino que también la empoderan para tener un impacto significativo en el mundo que la rodea. En su libro debut, *El camino a la santidad*, JZ Maille se adentra en el rico tapiz de una vida en obediencia a Dios. A través de sus narraciones y sus reflexiones, transmite un poderoso mensaje sobre la salvación, basado en su profunda reverencia por la doctrina y la teología católica. Sus palabras resuenan en los lectores, invitándolos a contemplar el verdadero valor de la vida y nuestra meta final: La santidad.

En su obra más reciente, *Mi Padre, Mi Luna y

Mi Sol*, JZ Maille arroja luz sobre la extraordinaria vida y misión del Padre Frisancho, un conocido y reverenciado sacerdote peruano cuyos esfuerzos transformadores impactaron significativamente a toda una comunidad en Lima, Perú. La narrativa de JZ Maille no solo honra su legado, sino que también inspira a los lectores a reconocer la profunda influencia que una persona puede tener en innumerables vidas.

JZ Maille actualmente reside en los Estados Unidos y con sus escritos sigue dedicada a su misión de contribuir a un mundo mejor inspirando a otros a reflexionar, crecer y buscar un cambio positivo en sus propias vidas y comunidades.

Deus Vult.

OTRAS OBRAS DE JZ MAILLE

El Camino a la Santidad: guía para Católicos en un mundo pagano

SIN TÍTULO